# Yo Soy IMPORTANTE Para Dios
## JOSÉ RAMÓN DEL VALLE RODRÍGUEZ

**Para:** _____

**De:** _____

**Fecha:** _____

# YO SOY IMPORTANTE PARA DIOS

## JOSÉ DEL VALLE

**JOSÉ RAMÓN DEL VALLE RODRÍGUEZ**

Derechos de autor © 2025 JOSÉ RAMÓN DEL VALLE RODRÍGUEZ

Todos los derechos reservados 1-14966541911

Registro: TXu 2-508-452

ISBN: 979-8-9920583-8-3

Número de control de la Biblioteca del Congreso: 2025920988

Las opiniones son del autor y no de su empleador. Este libro contiene reflexiones, testimonios y experiencias reales recopiladas en contextos de comunicación ministerial. Algunos nombres, situaciones o detalles han sido adaptados por razones editoriales o de privacidad, pero el mensaje central responde a vivencias auténticas. Toda semejanza con personas o eventos específicos es intencional cuando contribuye a la edificación espiritual y a la restauración del lector.

Ninguna parte de este libro puede ser reproducida ni almacenada en un sistema de recuperación, ni transmitida de cualquier forma o por cualquier medio, electrónico, o de fotocopia, grabación o de cualquier otro modo, sin el permiso expreso del editor.

Diseño de la portada de: JOSÉ DEL VALLE
Fotografia del Autor: Luis Jaen
Impreso en los Estados Unidos de América

*Dedicatoria:*
*Dedico este libro con profunda gratitud a Radio Sol de Puerto Rico (WZOL), quienes me invitaron como orador de la campaña radial "Yo Soy IMPORTANTE Para Dios". A través de esa transmisión, que también fue difundida en vivo por Salvación TV y Lumbrera TV, se proclamó un mensaje de restauración que no solo resonó en las ondas del Caribe, sino que penetró corazones necesitados alrededor del mundo hispano.*

*Lo que comenzó como una iniciativa comunicacional se convirtió en una experiencia espiritual colectiva. Testimonios espontáneos inundaron las redes sociales, revelando cómo Dios utilizó esa campaña para devolver identidad, consuelo y propósito. Incluso en la edición de agosto de la revista "3ABN World Magazine", se publicó un testimonio conmovedor que confirmó cómo la Palabra, cuando se transmite con compasión y verdad, transforma vidas.*

*Este libro es fruto de aquel mover del Espíritu. Y así como aquella campaña fue realizada con micrófonos consagrados y cámaras al servicio del Reino, estas páginas desean perpetuar el eco del mismo llamado: volver al corazón del Creador para redescubrir el valor innegociable que Él nos otorga.*

*A cada colaborador, medio de comunicación, oyente y espectador que fue parte: este libro también les pertenece. Porque en Cristo, todo mensaje sembrado con fe florece como legado.*

# CONTENIDO

Página del título

Derechos de autor

Dedicatoria

Introducción

Creación y Propósito     1

Elegido por Dios     22

Valorado, Amado, Conocido, Restaurado     38

Mira, Cree y Vive     62

Nunca Olvidado, Siempre Abrazado     82

Dignidad Restaurada     94

Del Olvido a la Mesa del Rey     111

El Valor Invisible Hecho Visible     130

El Amor que Me Define     141

Voces que Sanan     152

¿Nacieron Solo Para Sufrir?     157

Razones: "Yo Soy IMPORTANTE Para Dios"     164

Bibliografía     169

| | |
|---|---|
| Epílogo | 173 |
| Agradecimientos | 175 |
| Acerca del autor | 179 |
| Libros de este autor | 181 |
| Anotaciones | 185 |

# INTRODUCCIÓN

En un mundo donde tantos caminan cargando el peso del rechazo, la culpa o la indiferencia, este libro nace como un susurro de esperanza que rompe el silencio del olvido: Tú eres importante para Dios. No por lo que haces, ni por lo que otros dicen de ti, sino porque tu existencia fue soñada, creada y redimida por un Dios que no hace cosas pequeñas ni olvida a sus hijos.

Este mensaje no es un eslogan emocional, sino una verdad bíblica que atraviesa cada página de las Escrituras. Desde el llamado de Moisés hasta el abrazo del padre al hijo pródigo, Dios reafirma —una y otra vez— el valor irrenunciable de cada ser humano.

Este libro está diseñado para restaurar esa convicción en el corazón del lector. Con un lenguaje accesible pero profundo, cada capítulo es una invitación a mirar hacia dentro con esperanza, a descubrir la huella divina en nuestra historia y a recuperar la dignidad espiritual que el cielo nos otorga. Es un recurso pensado para escuelas sabáticas, grupos pequeños, jóvenes en búsqueda, y familias fragmentadas por el dolor. No es solo para leer: es para sanar, compartir y transformar.

Aquí no encontrarás condena ni legalismo, sino un llamado a reencontrarte con tu valor, tu propósito, y el amor eterno que te sostiene. Porque si tú fueras el único ser humano en necesidad de redención... Cristo igual habría ido a la cruz. Así de importante eres para Dios.

# CREACIÓN Y PROPÓSITO

*Reflexión sobre la Creación y el Valor Humano*

En muchas tradiciones religiosas, incluidos el cristianismo, el judaísmo y el islam, se sostiene la creencia de que cada ser humano es creado a imagen de Dios. Esta verdad fundamental resalta el valor intrínseco y la importancia de cada persona ante los ojos de Dios.

La idea central es que Dios ama y valora profundamente a

cada individuo, independientemente de sus antecedentes, circunstancias o creencias. Este amor divino es un recordatorio constante de nuestra dignidad y propósito en la vida. En la Biblia, encontramos palabras que reflejan esta verdad:

> *"Soy una creación maravillosa, y por eso te doy gracias. Todo lo que haces es maravilloso, ¡de eso estoy bien seguro!" (Salmo 139:14, Nueva Biblia Viva).*

Otra versión expresa:

> *"Tú eres hecho de manera maravillosa y admirable" (Salmo 139:14).*

Estas palabras nos invitan a reflexionar sobre la obra maravillosa de Dios en nuestras vidas y a reconocer que somos únicos y amados.

## Un Recordatorio de Amor y Propósito

Recuerda siempre que eres un individuo único y amado. Tu existencia tiene un valor incalculable, no solo para Dios, sino también para las personas que te rodean. Que esta verdad inspire tu caminar diario y te motive a vivir con gratitud y propósito.

## La Importancia de Cada Persona para Dios

La importancia de cada persona para Dios es un tema muy profundo y personal que varía según las creencias individuales. En el cristianismo, por ejemplo, se cree que cada persona es importante para Dios porque Él nos creó con amor y cada uno tiene un propósito único en la vida. Según la Biblia, Dios nos conoce incluso antes de nacer y nos ha elegido para ser parte de su plan. Aquí hay algunos versículos que ilustran esta creencia:

Jeremías 1:5:

> *"Antes de formarte en el vientre, ya te había elegido; antes de que nacieras, ya te había apartado."*

Juan 3:16:

> *"Pues Dios amó tanto al mundo, que dio a su Hijo único, para que todo aquel que cree en él no muera, sino que tenga vida eterna."*

Génesis 1:27:

> *"Fue así como Dios creó al ser humano tal y como es Dios. Lo creó a su semejanza. Creó al*

*hombre y a la mujer."*

Estos versículos sugieren que para Dios, cada persona es valiosa y digna de amor y atención.

La idea de que somos importantes para Dios también puede brindar consuelo y un sentido de pertenencia a muchas personas.

**La Historia De La Frase "Yo Soy Importante Para Dios"**

En Radio Sol de Puerto Rico invitaron al autor de este libro a hacer una serie con este tema. Y si estudiamos mas profundamente notamos que la historia de la frase "Yo soy importante para Dios" se relaciona con la idea de que cada persona tiene un valor intrínseco y un propósito especial en la vida, según lo visto en diversas tradiciones religiosas y espirituales. Esta creencia se basa en la noción de que Dios, como ser supremo y amoroso, considera a cada individuo como valioso y digno de amor y atención.

## Reflexión Adicional Sobre El Amor De Dios

En el contexto cristiano, esta idea se refleja en varios pasajes bíblicos que hablan del amor de Dios por sus creaciones. Por ejemplo:

### Isaías 49:15-16:

*"¿Se olvidará la mujer de lo que dio a luz, para dejar de compadecerse del hijo de su vientre? Aunque se olvide ella, yo no te olvidaré. He aquí que en las palmas de las manos te tengo esculpido; tus muros están continuamente delante de mí."*

Tengo familiares que fueron abandos por sus padres. Aparentemente olvidados. Como lo es el caso de mi madre, abandonada por su madre cuando era bebé y regalada. No juzgo a la abuela porque realmente no estaba en condiciones en esos momentos y a pesar de los caminos aparentemente malos que Dios permite, ellas son muy valiosas e importantes para Dios. Este pasaje sugiere que, al igual que una madre no puede olvidar a su hijo, y aunque lo haga, Dios no olvida a sus hijos y los tiene siempre presentes.

**Juan 3:16:**

*"Porque de tal manera amó Dios al mundo, que ha dado a su Hijo*

*unigénito, para que todo aquel que en él cree, no se pierda, sino que tenga vida eterna."*

Este versículo es frecuentemente citado para resaltar el valor que Dios otorga a cada vida humana y su deseo de que todos tengan una relación con Él.

La afirmación "Yo soy importante para Dios" también puede verse como un recordatorio personal de que uno no está solo en el universo, sino que es parte de un plan divino más grande y que su existencia tiene un significado y propósito que va más allá de lo mundano.

En la Biblia, hay varios personajes que tuvieron una importancia especial para Dios debido a su fe, liderazgo y acciones.

## Ejemplos de Personajes Bíblicos Importantes para Dios

**David**: Tenía la aprobación de Dios en todo lo que hacía porque le servía de todo corazón. Sin embargo, en 2 Samuel 11 y 12 vemos que se dejó llevar por sus malos deseos y tuvo relaciones sexuales con una mujer casada y luego mandó a asesinar al esposo de ella. Con ese acto, David cometió varios pecados; y su actitud fue tan reprochable que Dios envió al profeta Natán para llamarle la atención y anunciarle que sería castigado.

La historia de David nos demuestra que nadie es perfecto y todos estamos propensos a pecar. Sin embargo, así como tenemos la opción de dejarnos llevar por nuestros malos deseos, también tenemos la oportunidad de arrepentirnos y pedir perdón.

David se arrepintió de sus acciones, asumió las consecuencias de su pecado y pidió perdón a Dios. Como muestra de su arrepentimiento sincero escribió Salmos 51, y Dios le perdonó. Si bien tenemos la gracia de Dios que nos perdona cuando pecamos, esto no nos da licencia para cometer el mismo error una y otra vez. Pero sí nos recuerda que siempre hay perdón para aquel que se arrepiente de corazón.

**Juan Marcos**: En uno de los viajes misioneros de Pablo y Bernabé, decidieron llevar a Juan Marcos como asistente. Pero en cierto punto, él decidió no seguir con ellos.

> *«En Pafos, Pablo y sus compañeros subieron a un barco y se fueron a la ciudad de Perge, que estaba en la región de Panfilia. Allí, Juan Marcos se separó del grupo y regresó a la ciudad de Jerusalén.» (Hechos 13:13, TLA).*

Aunque la Biblia no menciona por qué Juan Marcos decidió dejarlos, sí narra más adelante que Bernabé quería que los acompañara en otro viaje, más Pablo se opuso. La situación fue tan tensa que ambos terminaron separándose porque no podían ponerse de acuerdo al respecto (Hechos 15:36-41).

Algunos estudiosos suponen que debido a su juventud e inexperiencia, Juan Marcos se separó del grupo de una forma negativa; por lo que Pablo pensó que no era digno de confianza y no quiso contar más con él.

La actitud de Juan Marcos dejó una mala impresión en los demás cristianos porque causó la separación de Pablo y Bernabé. Sin embargo, este es uno de los personajes bíblicos que fracasaron pero salieron adelante porque se restituyó y enmendó su falta. La Biblia no nos detalla cómo, pero hay pasajes en otros libros que mencionan que Juan Marcos hizo las paces con Pablo e incluso se volvieron cercanos; de tal forma que Pablo dijo lo siguiente:

> *«El único que está conmigo es Lucas. Marcos puede ayudarme mucho en mi trabajo, así que búscalo y tráelo contigo cuando vengas.» (2 Timoteo 4:11, TLA).*

La historia de Juan Marcos nos enseña que aunque podemos herir a las personas, con o sin intención, pero podemos enmendar nuestros errores y reconstruir el vínculo. Una pelea, una discusión o un malentendido no puede ser el final de una relación, si es que así lo decidimos. Aprende a construir una mejor relación con Dios.

**Pedro**: Es la muestra de que las buenas intenciones pueden irse por la borda y podemos incumplir las promesas con facilidad. Él le había dicho a Jesús que preferiría morir antes de traicionarlo.

Mateo 26:31-35:

*"Entonces Jesús les dijo: Todos vosotros os escandalizaréis de mí esta noche; porque escrito está: Heriré al pastor, y las ovejas del rebaño serán dispersadas. Pero después que haya resucitado, iré delante de vosotros a Galilea. Respondiendo Pedro, le dijo: Aunque todos se escandalicen de ti, yo nunca me escandalizaré. Jesús le dijo: De cierto te digo que esta noche, antes de que el gallo cante, me negarás tres veces. Pedro le dijo: Aunque me sea necesario morir contigo, no*

*te negaré. Y todos los discípulos dijeron lo mismo."*

Pero Jesús le dijo que lo haría antes de que el gallo cante. Lo que sigue de la historia es conocido: Pedro negó a Jesús e incluso juró por Dios que no lo conocía.

Marcos 14:66-72:

*"Estando Pedro abajo, en el patio, vino una de las criadas del sumo sacerdote; y cuando vio a Pedro que se calentaba, mirándole, dijo: Tú también estabas con Jesús el nazareno. Mas él negó, diciendo: No le conozco, ni sé lo que dices. Y salió a la entrada; y cantó el gallo. La criada, viéndole otra vez, comenzó a decir a los que estaban allí: Este es de ellos. Pero él negó otra vez. Y poco después, los que estaban allí dijeron otra*

*vez a Pedro: Verdaderamente tú eres de ellos; porque eres galileo, y tu manera de hablar es semejante a la de ellos. ntonces él comenzó a maldecir, y a jurar: No conozco a este hombre de quien habláis. Y el gallo cantó la segunda vez. Entonces Pedro se acordó de las palabras que Jesús le había dicho: Antes que el gallo cante dos veces, me negarás tres veces. Y pensando en esto, lloraba."*

Esta acción de Pedro no fue un simple error, sino que representó un fracaso como discípulo y amigo de Jesús. Por eso se sintió culpable y lloró amargamente. Pedro pudo haberse quedado con el remordimiento y huido de Jesús; pero él enmendó su error, se perdonó a sí mismo y buscó el perdón de Dios.

La historia de Pedro nos enseña

que no podemos aferrarnos al remordimiento, sino que debemos buscar la redención y enmendar nuestros hechos. Pedro negó a Jesús, pero solo fue en una ocasión, ya que por el resto de su vida se dedicó a hablar de Él y asegurarse de que los demás lo conocieran y vieran reflejado en sus hechos.

De igual manera, si has fallado en algo y piensas que tus acciones no merecen perdón, reconsidéralo. Jesús ofrece perdón y redención a quien se lo pida. Si fracasaste hoy, aprende de la lección y levántate porque no estás solo: Jesús está contigo para acompañarte en este nuevo comienzo. Porque eres importante para Dios.

## El Juicio Que Cristo Introduce

La condenación del incrédulo, que se produce con la venida de Cristo, no es pronunciada por Cristo, sino porque el incrédulo ha rechazado la luz al amar más las tinieblas que la luz (Juan 3:19). Los que creen, en cambio, se salvan de la condenación y de la esclavitud de Satanás (Juan 8:31,32), porque creen en Cristo y porque Satanás ya ha sido condenado. En este sentido Jesús puede decir:

*"Ahora es el juicio de este mundo, ahora el príncipe de este mundo será echado fuera" (Juan 1:31).*

También el Espíritu Santo, al convencer al mundo de pecado y guiarlo a creer, confirmará que el príncipe de este mundo "ha sido ya juzgado". (Juan 16:8-11). Cristo ejecuta una obra de juicio, pero aún este juicio, como toda su obra, es una actividad salvífica; porque condena a Satanás para librar a sus cautivos. No es, entonces, una contradicción que Jesús diga:

*"No he venido a juzgar al mundo"* (Juan 12:47)

Y que también diga:

*"Y si yo juzgo, mi juicio es verdadero"* (Juan 8:16; 5:30).

El juicio que se ejecuta sobre Satanás, su juicio escatológico, es despues del milenio en el marco del juicio final y cuando se termine el pecado definitivo. Los incrédulos, cuyo juicio escatológico está reservado para el día de la resurrección de los impios, la cual será, para ellos, una anástasis kríseos, resurrección de juicio (Juan 5:29);

porque ese día será el héméra tés kríseós, día del juicio (1 Juan 4:17), y el día postrero del juicio (Juan 12:48).

**Cristo y la Salvación**

Cristo no vino a juzgar al mundo sino a salvarlo. Por lo tanto, toda su actividad tiene por objetivo la salvación. No vino a pronunciar palabras de condenación sino de vida eterna. Pedro le dijo:

*"Señor, ¿A quién iremos? Tú tienes palabras de vida eterna" (Juan 6:68).*

Pero el proceso queda iniciado; porque estas mismas palabras de vida, para los que las hayan rechazado, se transformarán en palabras de juicio, en el último día. Jesús dijo:

*"Al que oye mis palabras, y no*

*las guarda, yo no lo juzgo; porque no he venido a juzgar al mundo, sino a salvar al mundo. El que me rechaza, y no recibe mis palabras, tiene quien lo juzgue: La palabra que he hablado, ella lo juzgará en el día postrero"* (Juan 12:47,48).

Este día postrero es la segunda venida de Cristo (Juan 14:1-3). Entonces el Hijo ya vendrá con poder y gran gloria para juzgar a las naciones y establecer su reino. Entonces, los que habiendo creído en él, hayan obrado el bien, recibirán su recompensa. Por su elección por Cristo, serán salvados; porque

"Saldrán a resurrección de vida" (Juan 5:29).

En cambio, los que no habiendo creído, hayan obrado mal, no se hayan arrepentido, o hayan rechazado la invitación de Jesucristo, estarán perdidos; porque saldrán

*"a resurrección de condenación" (Juan 5:29).*

Ese es el juicio escatológico para ellos. Ya no hay oportunidad para nadie arrepentirse. El tiempo de gracia ya ha terminado. En el tiempo correcto, se produce la ejecucion de la condena del juicio completado en todas sus faces. Y lo interesante es que detrás de toda esta escena que pareciera desagradable, se manifiesta el carácter de amor de Dios con los salvados, pero también con los perdidos porque esa gente no serían felices en el cielo y por eso son condenados por su propia decisión.

# ELEGIDO POR DIOS

*Yo Soy IMPORTANTE*
*Para Dios*

Dios quiere que usted crea. Dios quiere que usted restaure su vida. Que arregle su problema de inseguridad. De autoestima. Porque eres importante para Dios.

**La Acción Del Hijo**

Cristo vino para salvarnos. Y para librarnos de la condenación, es necesario creer y aceptar a Jesús como la luz que ha venido (Eleluthen) al mundo (Juan 3:19). Esta es la "Luz verdadera" de (Juan 1:9), es el Verbo y es el activo Dios creador (Juan 1:1-3) que, encarnándose, acampó entre los seres humanos para que vieran su gloria de unigénito del Padre (Juan 1:14). Esta gloria, estrechamente vinculada con la luz que vino al mundo, contiene todos los atributos divinos.

Quien no cree, lo niega. No ven en el Hijo sino a un hombre sujeto a las limitaciones humanas y prefieren seguir amando las tinieblas, para continuar en sus obras malas (Juan 3:19).

En cambio, los que reciben la luz, la reciben con todos sus atributos. -Actitud y obra misionera para salvación-, puede dar, a los que creen.

Llega la liberación y nuestra voluntad se pone naturalmente al servicio de la verdad y del bien.

Capacita al que cree para obrar realmente. Esa actividad productora, solamente es posible "en Dios". El que cree percibe que esto es así porque cuenta con la revelación de la "Luz que ha venido al mundo".

Jesucristo es la Luz y cuando Él vive en ti entonces dices con toda seguridad "Yo soy importante para Dios."

**Personajes Bíblicos**

**Jesús**: Es el personaje central, el Hijo de Dios, el Mesías prometido y el Salvador de la humanidad.

**Moisés**: Fue un líder y profeta que guió al pueblo de Israel durante el éxodo de Egipto y recibió los Diez Mandamientos de Dios.

**Abraham**: Conocido como el padre de muchas naciones, fue elegido por Dios para recibir promesas que afectarían a toda la humanidad.

**David**: El segundo rey de Israel, conocido por su corazón conforme al de Dios y por ser un antepasado de Jesucristo.

**Juan el Bautista**: Un profeta que preparó el camino para Jesús y predicó un bautismo de arrepentimiento.

**Testimonios De Fe**

Un paciente de VIH discriminado con intento suicida por 3 ocaciones. Pero Dios lo rescató, nació de nuevo en Cristo, le aceptó como la única persona que puede salvarlo y ahora dice: "Yo soy importante para Dios."

El Señor escuchó su súplica como Ezequías. Sana el corazón herido. De igual manera; Dios te abraza, te recibe, te da aceptación.

## María Magdalena

Una figura significativa en la Biblia, ha sido objeto de malentendidos y confusiones a lo largo de la historia. Permíteme compartir algunos aspectos clave sobre ella:

**Identidad y Liberación**:

María Magdalena es mencionada en los Evangelios como

*"María, que se llamaba Magdalena, de la que habían salido siete demonios" (Lucas 8:2).*

A menudo se la ha confundido con otras mujeres bíblicas, pero su nombre se deriva de su lugar de origen, Magdala, cerca del mar de Galilea.

Jesús la liberó de la opresión demoníaca, y ella se convirtió en una discípula leal y generosa.

**Testigo de la Resurrección:**

María Magdalena fue la primera persona en ver a Jesús después de su resurrección.

En el Evangelio de Juan, la encontramos junto al sepulcro vacío, donde Jesús se le apareció y le encomendó llevar la noticia de su resurrección a los discípulos (Juan 20:11-18).

**Importancia en el Ministerio de**

**Jesús**:

María Magdalena fue una de las mujeres que acompañaron a Jesús y contribuyeron económicamente a su ministerio (Lucas 8:1-3).

Su fe y lealtad la convirtieron en una líder entre las mujeres cercanas a Jesús. María Magdalena fue una mujer de fe, redimida por Jesús y testigo privilegiada de su resurrección. Su papel en la historia bíblica es fundamental, y su amor fiel la llevó a ser parte de los momentos más importantes del cristianismo.

## Reflexión: ¿Qué significa ser importante para Dios?

Ser importante para Dios significa mucho personalmente hablando. En el contexto del cristianismo, ser importante para Dios quiere decir que cada persona tiene un gran valor y Dios le ama. Dios nos ha creado a su imagen y semejanza, con un propósito y un plan único para nuestras vidas.

*Razones que destacan la importancia de cada persona para Dios:*

**Somos la creación de Dios**: Según las Escrituras, Dios nos creó con un propósito y un plan para nosotros. Nos hizo únicos, con talentos y dones que podemos utilizar para avanzar en Su misión.

**Somos preciosos para Dios**: Él nos ama incondicionalmente y nos hizo parte de su plan divino. Esto significa que estamos valiosos para Él y nos llama a servir a Dios con toda nuestra vida.

**Somos instrumentos de Su Reino**: Al seguir los pasos de Jesús, nos convertimos en instrumentos para edificar el reino de Dios en la tierra. Las acciones de nosotros deben llevar el amor, la esperanza y la paz a las demás personas.

**Somos miembros de la familia de Dios**: Al aceptar a Jesús como Señor y Salvador, somos adoptados como hijos de Dios, lo que nos hace parte de una familia amorosa. La solución es el bautismo.

### Testimonio de Transformación

Un hombre bebía botella tras botella, copa tras copa, en un círculo entre la calle, el bar y la cárcel. Por buscar problemas, por manejar borracho, por robo de objetos, por quererse meter a casas ajenas; lo metían preso bien seguido. Era tanto el problema, que el tenía un caballo y le hablaba en inglés al caballo, porque era un caballo rubio.

Con el tiempo y los efectos del alcoholismo crónico a nivel neurológico, se volvió un hombre agresivo, era violento con toda la familia, hasta la mamá le tenía un miedo terrible, con varios intentos de golpearla.

Con el tiempo de andar por esos caminos, conoció a otra persona viciosa, una mujer que también bebía, y más aún, fumaba cigarro. Con lo que, eventualmente, convivieron y comenzaron a compartir vicios. Ambos estaban presos del alcohol y del cigarro. Hasta que iniciaron los efectos sobre la salud física. Ambos fueron diagnosticados con varias enfermedades causadas por sus vicios.

Un día conviviendo en casa, decidieron sintonizar la emisora cristiana, en donde en la sección salud escucharon sobre las enfermedades que tienen, y milagrosamente decidieron dejar de un solo la bebedera y la fumadera. Les sucedió un cambio maravilloso. Lo más bien esa pareja. Con un régimen de salud más saludable, ejemplar para todos nosotros.

A Dios no le gusta que destruyamos el cuerpo. A Dios le gusta que cuidemos el templo que vive el Espíritu Santo. Porque somos importantes para Dios.

Ser importante para Dios implica reconocer que somos creados por Él, que somos parte de Su reino y que Él nos ama tanto que provee y preserva, demostrando su amor a través de sus milagros y bendiciones.

El versículo de 1 Corintios 3:16 nos recuerda que somos templo de Dios y que el Espíritu de Dios habita en nosotros. Esta revelación es fundamental para comprender nuestra relación con Dios y la importancia que tenemos para Él. Al reconocer que somos morada de Dios, entendemos la cercanía y la intimidad que Él desea tener con cada uno de nosotros.

Eres importante para Dios, él te busca de día y de noche porque anhela compartir contigo cada instante de tu vida, a él le agrada escucharte, él se alegra cuando le cuentas todo.

La Biblia nos dice que Dios nos ama a todos por igual. No importa nuestras circunstancias o situación, Él nos ve como personas dignas de su amor. Para saber si somos importantes para Dios, debemos buscar la manera en que Él nos ha expresado su afirmación y cuidado. Un ejemplo del cuidado de Dios es que nos ha preservado. Además, quiero recordarte que todos sin excepción somos especiales para Dios. A veces, las palabras de otros pueden hacernos sentir mal, poco valiosos, pero la verdad es que somos producto del amor de Dios. Él nos sustenta y nos da un propósito. Como dice en Hechos 17:28:

*"En Dios vivimos, nos movemos y existimos."*

Así que, tú eres importante para Dios, y como hijo o hija suyo, tienes muchos privilegios. Te animo a leer la Biblia, donde encontrarás respuestas a muchas de tus inquietudes.

1 Juan 3:1 menciona:

*"Mirad qué amor nos ha dado o ha*

*tenido el Padre para que nos llame hijos de Dios, pues ¡lo somos!".*

Eres una persona extraordinaria y la alegría de Dios. Si alguna vez dudas de esto, puedes pasar tiempo en oración o en una iglesia; la idea es que tengas un encuentro personal con Cristo Jesús. Experimentes su presencia en tu vida. Experimenta su amor infinito que cambia vidas y escuchar su voz cuando te dice: "Tú eres la alegría de Dios."

Eres importante para Dios. Antes de formarte en el vientre, ya te había elegido; antes de que nacieras, ya te había apartado. Así lo dice Jeremías 1:5.

A veces, en la vida, podemos sentirnos sin valor, pensar que no somos importantes para nadie y experimentar soledad y frustración. Pero quiero recordarte que eres valioso para Dios. Él te busca de día y de noche porque anhela compartir contigo cada instante de tu vida. Le agrada escucharte y se alegra cuando le cuentas todo lo que te sucede. Nunca te rechazará, porque él quiere llenar tu corazón por completo y colmarlo de paz.

Desde antes de que nacieras, Dios ya contaba contigo. No fuiste un error; fuiste lo mejor de su creación. Así que, seca tus lágrimas, porque todo lo bello y maravilloso que Dios ha preparado para ti, pronto lo verás. No permitas que las circunstancias te hagan olvidar de tu Creador. Recuerda que Dios nunca te dejará ni te abandonará. Él siempre está dispuesto para ti. No temas, porque eres importante para aquel que dio todo por amor a ti.

No importa el lugar donde estés, el Señor te va a tocar. Ya no te lamentes tanto porque Dios va a hacer algo grande contigo.

**Eres Eegido Por Dios, Por Que Eres Importante Para Dios.**

# VALORADO, AMADO, CONOCIDO, RESTAURADO

*Dios te quiere encontrar*

Cuando vemos la vida desde aquí nos entra el desconocimiento, el descontrol. Ver la vida como la ve el cielo. El Gozo el Poder por el Espíritu Santo. La crisis no juega un papel determinante para establecer lo que Dios quiere de ti.

**Problema Del Drogadicto**

La adicción a las drogas es un tema complejo y doloroso que afecta a muchas personas en todo el mundo. Desde una perspectiva bíblica, la importancia de un drogadicto para Dios es innegable. Permíteme compartir algunas enseñanzas y principios bíblicos relacionados con este tema:

**Renovación Y Transformación:**

En 2 Corintios 5:17, se nos dice:

*"De modo que si alguno está en Cristo, nueva criatura es; las cosas viejas pasaron; he aquí todas son hechas nuevas."*

Esta cita nos recuerda que en Cristo podemos encontrar una renovación completa y dejar atrás nuestro pasado de adicción.

La adicción no define la identidad de una persona ante Dios. Él ofrece la posibilidad de transformación y sanidad.

## Confianza Y Entrega:

1 Pedro 5:7 nos dice:

*"Echando toda vuestra ansiedad sobre él, porque él tiene cuidado de vosotros."*

Dios nos invita a confiar en Él y entregar nuestras preocupaciones y ansiedades relacionadas con la adicción. Él se preocupa por nosotros y quiere ayudarnos en nuestra recuperación.

## Fuerza En Cristo:

Filipenses 4:13 afirma:

*"Todo lo puedo en Cristo que me fortalece."*

Esta frase nos recuerda que a través de Cristo, tenemos la fuerza y la capacidad para superar cualquier desafío, incluyendo la adicción a las drogas.

**Cercanía Y Sanación:**

Salmos 34:17-18 dice:

*"Los justos claman, y Jehová oye, y los libra de todas sus angustias. Cercano está Jehová a los quebrantados de corazón; y salva a los contritos de espíritu."*

Aquellos que buscan a Dios en su necesidad serán escuchados y liberados. Él está cerca de aquellos que están luchando y desea salvar y sanar sus corazones rotos.

**Libertad En Cristo:**

Gálatas 5:1 nos exhorta:

*"Estad, pues, firmes en la libertad con que Cristo nos hizo libres, y no estéis otra vez sujetos al yugo de esclavitud."*

Esta cita nos recuerda que en Cristo hemos sido liberados de las cadenas de la adicción. Debemos permanecer firmes en esa libertad y no volver a caer en la esclavitud de las drogas.

En resumen, ayudar a un drogadicto desde una perspectiva

bíblica implica una combinación de oración, amor incondicional, apoyo emocional y espiritual, búsqueda de ayuda profesional y ser un testimonio viviente. Confiamos en que Dios puede obrar milagros en la vida del adicto, trayendo sanidad y restauración. Si conoces a alguien que lucha con la adicción, ora por ellos y ofréceles tu apoyo y compasión.

La frase "Yo soy importante para Dios" es una afirmación poderosa y llena de significado. Aunque no existe una exégesis específica sobre esta frase en la Biblia, podemos reflexionar sobre su significado desde una perspectiva cristiana.

**Creación Y Amor Divino:**

En el cristianismo, creemos que Dios es el Creador de todo lo que existe. Él nos formó a su imagen y semejanza (Génesis 1:27). Por lo tanto, cada persona es importante para Dios, ya que somos parte de su creación.

El amor de Dios hacia la humanidad es inmenso. La Biblia dice:

*"Porque de tal manera amó Dios al mundo, que ha dado a su Hijo unigénito, para que todo aquel que en él cree no se pierda, sino que tenga vida eterna" (Juan 3:16).*

Esta declaración muestra cuán valiosos somos para Dios.

**Redención Y Propósito:**

Jesús vino al mundo para redimirnos del pecado y reconciliarnos con Dios. Su sacrificio en la cruz demuestra cuánto nos importa a los ojos de Dios.

Cada persona tiene un propósito en la vida. Dios tiene un plan específico para cada uno de nosotros. Jeremías 29:11 dice:

*"Porque yo sé los pensamientos que tengo acerca de vosotros, dice Jehová, pensamientos de paz, y no de mal, para daros el fin que esperáis."*

**Identidad En Cristo:**

Como creyentes, nuestra identidad está en Cristo. Somos hijos e hijas de Dios (Juan 1:12). Esto significa que somos importantes para él, no por nuestras obras, sino por su gracia.

Romanos 8:38-39 nos asegura que nada puede separarnos del amor de Dios:

*"Por lo cual estoy seguro de que ni la muerte, ni la vida, ni ángeles, ni principados, ni potestades, ni lo presente, ni lo por venir, ni lo alto, ni lo profundo, ni ninguna otra cosa creada nos podrá separar del amor de Dios, que es en Cristo Jesús Señor nuestro."*

En resumen, cada persona es importante para Dios, algunos se creen más que otros. No importa quiénes seamos, Dios nos ama y tiene un propósito para nuestra vida. Siempre podemos confiar en su amor y cuidado.

Es importante recordar que esta interpretación es general y no reemplaza un estudio más profundo de las Escrituras. Si deseas profundizar en este tema, te recomiendo consultar con líderes espirituales o estudiar más sobre la Palabra de Dios. Invitamos a que recibas estudios bíblicos de varios temas bíblicos.

La historia y la importancia de la frase "Yo soy" en el contexto religioso y espiritual es profunda y multifacética. En la tradición judeocristiana, "Yo soy" es una declaración que se asocia directamente con Dios y su naturaleza eterna y omnipotente.

En el libro del Éxodo, cuando Moisés pregunta a Dios cómo debe presentarlo ante los israelitas, Dios responde:

*"Yo soy el que soy" (Éxodo 3:14).*

Esta respuesta establece la identidad de Dios como eterna e inmutable, también afirma su presencia constante y su poder sobre todas las cosas.

La importancia de esta declaración se extiende al Nuevo Testamento, donde Jesús utiliza la frase "Yo soy" en varias ocasiones, lo que implica su divinidad y su unidad con el Padre. Por ejemplo, Jesús dice:

*"Antes de que Abraham fuera, yo soy" (Juan 8:58)*

Eso lo que sugiere es su existencia eterna y su autoridad divina.

En un sentido más amplio, la afirmación "Yo soy importante para

Dios" puede interpretarse como un reconocimiento de la relación personal y única que cada individuo tiene con lo divino. Es una manera de expresar que cada persona tiene valor y propósito en el plan de Dios, y que Dios cuida y valora a cada uno de sus hijos.

**Somos Renovados Con Cristo En La Vida.**

La presencia del Espíritu Santo con nosotros cambia totalmente nuestra perspectiva de la vida. Vemos todo con un nuevo sentido. La presencia de Dios siempre ha estado ahí.

Cuando él creó los cielos y la tierra:

- Cielo
- Tierra
- Cuerpo

A imagen y semejanza divina por el soplo **Ruaj** = El soplo divino de vida que nos conecta con Dios y nos recuerda que somos importantes para Él. Este aliento celestial nos da propósito, nos renueva y nos guía hacia la plenitud espiritual de vida. Ese soplo hace al alma viviente. Nos hizo instrumentos para manifestar la imagen y semejanza del Padre en todo lo que hacemos. Por eso dejamos legado e historia. Dios produce renovación, nos da el regalo de su reino, nos promete salvación y nos transforma. Además, nos brinda oportunidad de vivir con el en su reino.

Predica del Poder de Dios para manifestar la grandeza del Padre.

Reino de Dios = Justicia, Paz, Gozo, Poder...

El pecado distorsiona la imagen y semejanza. Después de Adán fuimos creados a la imagen de Adán. Naturaleza caída y desconectada. A imagen de Dios y a semejanza de Adán = Problema terrible.

La semejanza es devuelta con la imagen y semejanza del Hijo. Cuando acudimos al Hijo empieza el proceso y te conecta al cielo que era la intención original. La fe comienza con el "oír" y eso está amarrado a "ver", en sentido espiritual. Jeremías, ¿qué ves? Una vara de almendro, pues estás viendo bien. Lo que oyes lo ves y eso revela la gloria que es mayor que el barro.

El espíritu de la angustia, inseguridad, descontrol, no es igual en el cielo. Puedo estar atribulado pero no angustiado, o en apuro pero no desesperado.

Llevamos la vida de Jesús en nosotros. La crisis no te puede robar.

Tú debes controlar la crisis con Dios primero. Tomo las cosas y las renuevo en Dios. La vida desde la crisis debe ayudarnos a ser fuertes y crecer en humildad. La vida deshace la muerte.

**Creer Y Hablar.**

2 Corintios 4:13

> *"Nosotros también creemos por lo cual también hablamos. Creemos y hablamos."*

2 Crónicas 13:5

> *"No sabéis vosotros que Jehová Dios de Israel dio el reino a David sobre Israel para siempre, a él y a sus hijos, bajo pacto de sal?"*

Aquí se narra la Guerra entre Jeroboam y Abías. Había un reino dividido. Y llega una promesa. El ejército de menor cantidad tenía un pacto.

Hebreos 11:1

*"Es, pues, la fe, la certeza de lo que se espera, la convicción de lo que no se ve."*

Confianza y seguridad en lo que Dios dice.

Marcos 11:24:

*"Por tanto, os digo que todo lo que pidiereis orando, creed que lo recibiréis, y os vendrá."*

Creed = dar gracias que lo recibiste, antes de que te ocurra.

Fe = producto divino cuando Dios habla.

Certeza = la seguridad que tenemos en

el Todopoderoso.

Lucas 8:43-48:

*"Pero una mujer que padecía de flujo de sangre desde hacía doce años, y que había gastado en médicos todo cuanto tenía, y por ninguno había podido ser curada, se le acercó por detrás y tocó el borde de su manto; y al instante se detuvo el flujo de su sangre. Entonces Jesús dijo: ¿Quién es el que me ha tocado? Y negando todos, dijo Pedro y los que con él estaban: Maestro, la multitud te aprieta y oprime, y dices: ¿Quién es el que me ha tocado? Pero Jesús dijo: Alguien me ha tocado; porque yo he conocido que ha salido poder de mí. Entonces, cuando la mujer vio que no había quedado oculta, vino temblando, y postrándose a sus pies, le declaró delante de todo el pueblo*

*por qué causa le había tocado, y cómo al instante había sido sanada. Y él le dijo: Hija, tu fe te ha salvado; ve en paz."*

**Mujer del flujo de sangre**: El estado menstrual que no paraba se estaba desangrando. Y ella acude desesperadamente creyendo moviéndose hacia Jesucristo y creyendo, fue sanada.

La historia de esta mujer sangrante interactúa con todas nuestras historias porque, como ella, en un momento o en otro, hemos necesitado sanidad. Hemos sido marginados o nos hemos sentido abandonados por nuestras comunidades o nuestros amigos. Hemos estado necesitados de un toque misericordioso de Dios a través del testimonio del carácter de Cristo reflejado en hermanas y hermanos.

Piense en una situación en la que se sintió al borde del abismo y pídale a Dios que le muestre dónde estaba Jesús en ese momento. ¿Qué haría Jesús en determinada situación? ¿Cómo era él? ¿Cómo se dirigió a usted?

Estas historias no nos dicen que siempre seremos sanados, sino más bien, lo que se siente al llegar a Jesús en tiempos de dolor y angustia, aislamiento y soledad, para recibir el regalo de la verdad: somos amados y conocidos íntimamente por nuestro Creador.

Una reafirmación personal en esta historia bíblica es que —más allá de la sanación física— la aceptación, la intimidad y el contacto pueden hacernos completos y darnos paz. En verdad, somos moldeados y hechos humanos en relación con otras personas. Nuestras relaciones —en la iglesia, con las amistades y en el matrimonio— no son solo algo extra añadido a la vida para distraernos y entretenernos, como si pudiésemos ser seres humanos completos en aislamiento individual. La relación, «tocar» si se quiere, nos hace humanos y completos. Tengamos por seguro que Dios nos ama y nos conoce.

La sanación no es siempre exactamente como la esperamos; a veces, se muestra como aceptación, pertenencia y conexión. Puede también consistir en no dejar que el miedo se apodere de nuestras vidas. El amor se parece al toque de un amigo, una amiga, un ser querido que en momentos de vergüenza, desesperanza o dolor profundo nos rescata y nos recuerda que somos amados y llamados hijos de Dios.

Extendamos las manos y toquemos el manto de Jesús hoy; pidámosle la certeza, la gracia y el conocimiento que provienen de él. Dejemos que Cristo nos encuentre donde sea que estemos, y que nos reciba, tanto en nuestros momentos de mayor debilidad como en los de mayor fortaleza. Y recordemos que también nosotros somos las manos de Cristo, por los cual tenemos la capacidad de ofrecer sanación a los que sufren.

Oremos hoy pidiendo sabiduría, valor y fortaleza. Cree y haz algo con lo que crees. Encuéntrate con Dios y resolverá tu problema porque Dios me tiene en cuenta. Yo soy importante para Dios. El reposo es una respuesta. Ven a mí reposa en mí confía en mí, aprende que todo el que pide recibe, el que toca haya y se abre la puerta. Cree para que te ocurra porque ya está hecho. Confía en Dios. Todo obra para bien a los que aman a Dios.

Dios mandó que en medio de las tinieblas resplandeciera su luz admirable para que anunciemos las virtudes que nos sacó de las tinieblas y nos puso en su luz admirable.

Te encuentras con Dios y tienes que cambiar para bien. Comenzando por tu pensamiento.

Al paralítico de Betesda se le dijo: "Levántate, camina". La Palabra de Dios es Segura y Poderosa para el que Cree todo le es posible.

Recordemos a Pedro caminando por el Mar. En tormenta, no avanzan, y caminando, Jesús llega a donde están ellos. Jesús se despojó a sí mismo, él creyó que la tormenta no iba a tener efecto en él.

Yo oraré por ti pero tú tienes autoridad. Habla creyendo. Habla Vida, Habla Jesús.

Al ciego le juzgaban pensando y diciendo: "quién pecó, quién tiene la culpa.

Jesús dijo: "nadie".

Tu vida es una vida de milagros porque eres importante para Dios. Tu estás escuchando porque tu vida es de Dios.

El leproso de lejos le dijo "si quieres puedes limpiarme". Nadie quería. Rechazo por doquier. Me imagino haciendo el *"Proscuneo"* pensaba: "Yo sé que tú puedes pero no sé si quieres. Mirándolo dijo Jesucristo: "quiero y tocándolo fue sano".

Dios quiere limpiarnos. Dios quiere sanarnos. Dios quiere quedarse contigo para siempre. Yo pagué el precio y di la vida para destruir tu muerte eterna.

Todo poder me es dado en el cielo y en la Tierra.

La Certeza es como el aceite de 1 Samuel 2:35:

*"Y yo me suscitaré un sacerdote*

*fiel, que haga conforme a mi corazón y a mi alma; y yo le edificaré casa firme, y andará delante de mi ungido todos los días."*

# MIRA, CREE Y VIVE

*Quieres sanidad, mira
a la Serpiente.*

*Quieres salvación,
mira la serpiente.*

*Quieres vida, mira
la serpiente.*

Símbolo de Emergencias Médicas, en medicina y en la farmacia es la barra de eucalipto, con serpientes. Porque en la antigüedad se vinculaba a las serpientes con curaciones. Automaticamente como cristianos, "la serpiente es el Diablo" en Génesis, pero Dios usó una serpiente de bronce para sanar.

Algunas personas tienen serpientes de mascotas. Otras luchan porque han aparecido donde antes no existían. Y en muchos lugares se han convertido en un verdadero problema.

**La Necesidad**

En Números 21 vemos a Cristo como la Serpiente de bronce levantada.

**Pecados Del Pueblo:**

>Hablaron contra Dios
>Hablaron contra Moises

Por eso estaban muriendo.

Romanos 6:26:

*"La paga del pecado es Muerte".*

Apreciemos 2 Aspectos de la Ley de Dios:
>    Conducta hacia Dios.
>    Conducta hacia el prójimo

Debido al pecado la muerte está en el mundo y todos estamos condenados (Juan 3:16-18). A cada persona en este mundo la ha mordido la feroz serpiente del pecado y está destinada a morir.

**La Gracia De Dios**

Merecían morir, merecían todos los males, merecían enfermedades y merecían desgracias. Dios podía ignorar, ¡pero no! ¡Porque eran importantes para Dios! ¡Somos importantes para Dios! ¡Tú eres importante para Dios! Y Dios da la solución y el remedio, por su amor y gracia.

Moisés ora como Cristo:

*"Padre Perdónalos porque no saben lo que hacen".*

Y la solución: ¡¡¡OTRA SERPIENTE más!!! Pero si las serpientes eran el problema, ya habían montones. ¿Para qué otra?

La serpiente de Bronce es una prefigura, un cuadro de Cristo, que se hizo pecado por nosotros en la cruz (2 Corintios: 5:21). No fue en la mano de nadie, ni siquiera en la mano de Moisés; tenía que ser levantada. Cristo tuvo que ser crucificado. (Juan 3:14, 8:28 y 12:30-33)

**Por Fe**

El pueblo ora: "¡Quítanos a las serpientes!". El método de Dios fue vencer el aguijón de la muerte por fe. Y Dios respondió: "Miren y Vivan".

No fue ignorando las mordeduras, espantando las serpientes, poniendo medicina, ni salir corriendo. La gente se salvó mirando por fe a la serpiente levantada en el centro del campamento.

Isaías 45:22:

> *"Mirad a mí, y sed salvos, todos los términos de la tierra, porque yo soy Dios, y no hay más".*

No fue en un rinconcito escondida. Fue en el mismo medio disponible para todos. Donde todos pudieran verla y vivir.

## Malas Consecuencias De Las Mordeduras De Serpiente

Le pregunté sobre el tema a unos doctores, entre ellos una médica cirujana, un médico internista y al médico naturopata, además de consultar documentos públicos que comprueban que las toxinas del veneno de la serpiente causan destrucción (lisis) de las células de la piel, músculo, tendones y todo tejido que esté cercano al lugar de la mordedura, llevando muchas veces a ser necesario amputar las extremidades. Seguidamente hemólisis (destrucción de los eritrocitos de la sangre) y trastornos de la coagulación lo que puede llevar a hemorragias mortales. Las toxinas se pueden depositar en riñones e hígado, causando insuficiencia de ambos, que en los peores casos puede ser irreversible. El veneno sube al cerebro y paraliza las neuronas.

Si con suerte vas al médico dependiendo la gravedad, el tiempo y el tipo de serpiente, podría tratarlo con suero antiofídico, el neutraliza las toxinas del veneno, el cual idealmente se debe utilizar en las primeras horas de que sucede la mordedura.

Después de administrado el suero antiofídico hay que seguir vigilando al paciente hasta que demuestre mejoría clínica.

**El Problema De Las Ideas Falsas**

Tenemos ideas falsas que pensamos que son ciertas y pensamos que todavía voy a tener oportunidad porque me creo como el águila que me contaron...

**Falsa Historia De La Renovacion Del Aguila:**

El Águila es un Ave que cuyo plumaje está en constante renovación. Hay una leyenda que es falsa pero la gente lo usa, que cuenta que se aleja a una montaña, quita su pico, se arranca las alas con dolor, y el proceso dura alrededor de 150 días para renovarse.

Y sale nueva: pico nuevo, uñas nuevas y alas nuevas.
Pero en realidad el águila es carnívora. Analice. Son 150 días, en una montaña de rocas, sin plumas para volar y no puede alimentarse. ¿Cómo sobrevivió 5 meses sin tomar agua?

Porque no es cierto que se quiten las plumas. Nunca arranca su pico, ni sangra... No se quita sus uñas. Lo cierto es que según pasa el tiempo sus células se van renovando.

Isaías 40:31:

> *"los que esperan a Jehová tendrán nuevas fuerzas; levantarán alas como las águilas"*

Hay algo que se llama "Figuras de Retórica"

Ejemplo:
Salmo 103:5 menciona:

*"El que sacia de bien tu boca, de modo que te rejuvenezcas como el águila."*

La palabra "como" es un Símil, una Metáfora. No quiere decir que le crecen las alas literalmente.
Amigos, mientras más tiempo pasa más empeora, más cerca de la muerte. ¡Hay solución, pero fuera de tiempo ya no funciona!
Las estadísticas indican que al rededor de 140,000 personas mueren por mordedura de serpiente.
Pudieron tener solución, pero se les pasó el tiempo. Todavía hay solución para vivir, pero se te va el tiempo de gracia. Igual que el pecado, envenena hasta la muerte espiritual y física. Y puede hacer daño a otros.

**Reflexión**

"There are snakes everywhere" = Hay serpientes por todas partes.
"Help i got bit by a snake" = ¡Ayuda, me mordió una serpiente!
Dijeron como en 2 Reyes 19:4:

> *"Quizá oirá Jehová tu Dios todas las palabras del copero mayor, a quien el rey de los asirios su señor ha enviado para blasfemar al Dios viviente, y para vituperar con palabras, las cuales Jehová tu Dios ha oído; por tanto, eleva oración por el remanente que aún queda."*

Dios ha oído. En contraste con los otros dioses, éste si oye. El profeta ora para que vivas, eso es ministerio. Salmos 51:5:

> *"He aquí, en maldad he sido formado, Y en pecado me concibió mi madre."*

## El Paralítico De Betesda (Juan 5:1)

El paralítico de Betesda estaba esperando un milagro:

*"Después de estas cosas había una fiesta de los judíos, y subió Jesús a Jerusalén."*

La tradición decía que el ángel de Jehová pasaba por allí y sanaba.
El ángel de Jehová es Jesús.

Jesús pasando encontró al compañero Doctor en Teología Nicodemo, al teólogo que estaba buscándole, le sanó de su duda. Por donde quiera Jesús pasaba, la gente le seguía, y el restauraba, sanaba, perdonaba.

Recuerdo los coritos: "Jesús está Pasando por aquí, y cuando pasa todo se transforma". "Yo tengo un Amigo que me ama", "Una mirada de Fe",

"Solo Dios hace al hombre Feliz", etc.. El llena el vacío que dejaba mi duda.

Nicodemo fue transformado (Juan 3:1-5). Se llenó de alegría por vivir la experiencia de la presencia real de Cristo en su vida. Fue sanado de su duda, que lo carcomía.

Esto va más allá que un bautismo en agua. Una Persona Nace de nuevo cuando el Espíritu de Dios usa la Palabra de Dios para producir FE e impartir la nueva naturaleza cuando la persona cree. El Espíritu Santo usa a una persona para darle Palabra, pero el Espíritu Santo es el Único que puede dar vida.

Las personas suelen buscar en los medios incorrectos, o inclusive siguen a famosos, pero ellos no le dan vida a usted. Quien ofrece vida es Cristo por su Palabra.

Juan 3:14,16:

*"Y como Moisés levantó la serpiente en el desierto, así es necesario que el Hijo del Hombre sea levantado, para que todo aquel que en él cree, no se pierda, mas tenga vida eterna. Porque de tal manera amó Dios al mundo, que ha dado a su Hijo unigénito, para que todo aquel que en él cree, no se pierda, mas tenga vida eterna."*

Cristo refiere a Nicodemo al AT, a Números 21, al relato de las serpiente de bronce.

Las serpientes muerden a los judios y los matan. ¡Y la extraña solución al problema se halló cuando Moisés hizo una serpiente de bronce!

Mirando por fe a esa serpiente había sanidad. De igual manera, Cristo fue hecho pecado por nosotros, porque fue el pecado lo que nos estaba matando. Al mirar a Cristo por fe, somos salvos. El bronce simboliza el juicio y Cristo experimentó nuestro juicio cuando fue levantado en la cruz. Cristo tenía que morir para que los hombres pudieran nacer de nuevo: Su muerte trajo vida.

La fe en Cristo es el único medio de salvación. La orden de Dios a Moisés en Números 21 no fue que matara a las serpientes, ni que hiciera un ungüento para ponerlo en las mordeduras, ni que tratara de proteger a los judios para que no los picaran las culebras. Fue que levantara una serpiente de bronce y les dijera a todos que la miraran por fe. No mirar a esa serpiente significaba condenación; la fe significaba salvación.

Los pecadores viven en tinieblas y aman la oscuridad. Se niegan a venir a la luz. Porque en la luz se verán sus pecados, y se perdonarán.

¿Cuándo vino? ¿Nicodemo vino de día o de noche? De noche. (Símbolo del que no es salvo).

Nicodemo salió de la oscuridad y al final llegó a ser un cristiano porque tuvo un nuevo comienzo. Y me imagino afirmando: Yo soy importante para Dios.

En Juan 3 veíamos a Nicodemo en la oscuridad de la confusión. Ahora vemos a Nicodemo en Juan 7:45-53 resplandeciendo de convicción, dispuesto a darle a Cristo una debida atención; y en Juan 19:38-42 vemos a Nicodemo en la luz del día, cuando se ve lo que de noche no se puede notar, y aparece identificándose abiertamente con Cristo.

Muchas veces las llamadas que hacen a la iglesia es: "Necesito un pastor", para todos los problemas. Tú necesitas ayuda, y eso está bien. De nuevo llamas. Y eso está bien. Decir:

"Yo necesito a Jesús. Necesito que haga algo en mi vida. Que me salve." Es correcto.

El cambio que necesitas lo pides, él té lo regala. Quiere tocarte regalarte su paz. El remedio está al alcance de todos de gratis. Cristo está a nuestra disposición hoy; no está lejos.

Apocalipsis 22:17:

*"El que quiera, tome".*

Es Gratis. No cuesta nada mirar y vivir.
Quizás no entendieron "cómo" ni "por qué". Y, ¿Quien entiende la salvación? Lo que tienes que entender es que ¡Eres importante para Dios! Solo debes creer.
Ellos podían creer y vivir. Podemos Creer y vivir. Tú puedes creer y Vivir. Cree y Vive.

Una sola serpiente fue suficiente

para todo el pueblo. Solo Cristo es suficiente para nuestra salvación. Cristo es suficiente para suplir todas nuestras necesidades.

**Sanidad Inmediata**

La salvación es un milagro que pasa cuando el pecador mira a Cristo por fe. Cristo no nos salva poco a poco, no. Cristo nos rescata de inmediato. Cristo nos salva rápido al momento se pone a tu disposición para ayudarte en el proceso. Él se mueve rápido para socorrerte con tu decisión.

Nuestra parte es creer por fe. Aceptar a Cristo como salvador personal. Pedir bautismo. Y perseverar en el proceso de Dios.
Hay solo un camino. A menos, que miremos por fe a Cristo, estaremos perdidos para siempre.

Hay una doble seguridad, la Palabra de Dios era la promesa de que "el que mirara, vivirá". Pudieron ver lo que

pasaba en la vida de otros.
El que miraba se salvaba.
El que no mirara se moría.
Le llamo a eso "Dependencia de Dios".

El ser humano trata de hacer remedios y fracasa. Ejemplo: se implementan "educación", "mejores leyes", "religión" pero la gente sigue muriendo en el pecado. El ser humano trata de hacer remedios y como consecuencia no resuelve realmnetnte el verdadero problema.
La única respuesta es la cruz de Jesús.
El Salvador que fue levantado.

En 2 Reyes 18:4 notamos que los judíos guardaron esta serpiente de bronce y la convirtieron en ídolo. Por naturaleza pecaminosa miramos lo material, ignoramos a Dios que es el que merece nuestra confianza. No fue la serpiente la que curó al pueblo; fue el Dios que ordenó que se hiciera la serpiente. Romanos 1:25 define idolatría:

*"Honrando y dando culto a las criaturas antes que al creador".*

Ezequías rompió la serpiente ídolo y la llamó: "NEHUSTAN" (Pedazo, de bronce, chatarra).
Hay millones de ídolos en el mundo que le roban la confianza y la gloria a quien solamente la merece, a Dios.

**En Conclusión:**

Moisés hizo la serpiente de bronce y la colocó en un poste durante el sufrimiento del pueblo de Israel en el desierto. Los israelitas provocaron que Dios se disgustara por estar con chismes. El Señor les retiró su protección, y las serpientes venenosas que vivían en el desierto los atacaron; muchos fueron mordidos y murieron. Luego se levantó la serpiente de bronce como un medio de curación: para curarse del efecto del veneno, debían mirarla, como una demostración de fe en la capacidad de Dios para sanar, porque la figura en sí no tenía poder para curar, pero Dios sí podía hacerlo y estaba ansioso de usar su poder en favor de sus hijos afligidos.

Los israelitas debían comprender que ningún símbolo, ni siquiera los del sistema de sacrificios, eran un fin en sí mismos. Tenían la reliquia, pero la otra generación la convirtió en objeto de culto y Ezequías la destruyó. Este episodio ilustra el sacrificio de Cristo (Juan 3:14, 15) por amor a sus importantes hijos, el símbolo de ser "levantado" delante del mundo mediante la proclamación del evangelio para salvar a la humanidad, porque sus criaturas tienen valor, a pesar de todo. La comprobacion de que somos importantes para Dios.

# NUNCA OLVIDADO, SIEMPRE ABRAZADO

*Yo Soy IMPORTANTE
Para Dios*

Habacuc, cuyo nombre significa "abrazo", es conocido como el profeta que no entregó un mensaje al pueblo, sino que se dirigió directamente a Dios. Este libro bíblico aborda preguntas profundas sobre la justicia divina y la aparente prosperidad de los malvados frente al sufrimiento de los justos.

¿En determinado momento ha

mirado al mundo con su injusticia y violencia? Y se ha preguntado: "¿Por qué Dios no hace algo?" Habacuc enfrentó este dilema, y su experiencia nos guía a través de un drama personal en tres actos, donde sus dudas se transforman en una fe segura.

## Acto 1: El Silencio De Dios

En el primer capítulo, Habacuc se pregunta: "¿Por qué Dios está en silencio? ¿Por qué parece inactivo?" (versículos 1-4). El profeta observa un mundo lleno de violencia (heb. *jamas*), injusticia, destrucción (heb. *shod*), saqueos, rencillas y contiendas. La ley (*torah*) no se cumplía, y los inocentes eran condenados mientras los impíos prosperaban.

La nación sufría bajo un gobierno

corrupto, y la amenaza del imperio babilónico se cernía sobre ellos. Dios responde: "Estoy realizando una obra que te asombrará" (versículo 5). Babilonia sería el instrumento de la ira divina, una nación impía que Dios levantaría para cumplir sus propósitos.

Este acto nos confronta con la realidad de que Dios no siempre responde de la manera que esperamos. La respuesta de Dios a Habacuc no fue una solución inmediata, sino una revelación de su soberanía y justicia. La elección de Babilonia como instrumento divino puede parecer paradójica, pero subraya que Dios utiliza incluso a los impíos para cumplir sus propósitos.

## Acto 2: La Espera y la Fe

En lugar de rendirse al escepticismo, Habacuc decide esperar en el Señor. Se retira a su fortaleza (*matsor*) para orar y meditar, confiando en que Dios tiene un plan y un calendario perfecto: "Aunque él demore, espéralo; porque vendrá ciertamente y no demorará" (versículo 3).

Dios le asegura tres verdades fundamentales:

**El justo por su fe vivirá** (versículo 4): Este pasaje, central en la Biblia, es citado en Romanos 1:17, Gálatas 3:11 y Hebreos 10:38. Contrasta a los orgullosos que confían en sí mismos con los humildes que confían en el Señor. Este principio teológico es la base de la doctrina de la justificación por la fe, que se desarrolla plenamente en el Nuevo Testamento.

**La tierra estará llena del conocimiento de la gloria del Señor** (versículo 14): Una promesa de esperanza que apunta al regreso de Cristo y al establecimiento de su reino eterno. Este versículo conecta con la visión escatológica de un mundo redimido, donde la gloria de Dios será manifiesta en toda la creación.

**Jehová está en su santo templo** (versículo 20): Un recordatorio de que Dios sigue en control, reinando desde su trono celestial. Esta declaración reafirma la soberanía divina y nos invita a la reverencia y la adoración.

Muchas veces se ha utilizado fuera de contexto el verso cuando dice "calle delante de Él toda la tierra". Habacuc está frustrado y quejándose. Pero cuando se usa en el servicio religioso es para callar a la congregación, pero debemos entender que el texto tiene un contexto. Una hermana ordenó poner un letrero pegado en frente del pulpito que decía: "Jehová esta en su santo templo calle delante de Él toda la tierra", para que todos vieran y enmudecieran. Pero es que a la iglesia vamos precisamente a adorar a Dios y no es malo decir "amén", "aleluya", "cantar", leer la Biblia, etc.. Lo que nadie sabía es que venía de un trasfondo espiritista generacional y pronto se manifestaron los demonios en ella cuando estaba en esa misma iglesia. No voy a escribir todos los detalles, basta con que sepas que fue una experiencia sobre natural, donde el Dios Todo Poderoso los echó fuera por su poder. Y nuestro Dios demostró que tuvo misericordia con todos los que nos encontrabamos en ese lugar, especialmente con aquella mujer. Dios la liberó por que todos eramos importantes para Dios y nos amó. Es el diablo quien no quiere que alabemos con todo nuestro ser al verdadero Dios.

El capítulo 2 también incluye los cinco "ayes" contra los impíos, que destacan los pecados de avaricia, codicia, violencia, crueldad e idolatría. Estos "ayes" no solo condenan la maldad, sino que también revelan el carácter justo y santo de Dios.

## Acto 3: La Oración y la Alabanza

El libro culmina con una oración poética donde Habacuc expresa su confianza en Dios, a pesar de las circunstancias adversas. Reconoce la soberanía divina y decla en Habacuc 3:17 - 18:

*"Aunque la higuera no florezca, ni en las vides haya frutos... con todo, yo me alegraré en Jehová,*

*y me gozaré en el Dios de mi salvación"*

Habacuc nos enseña que, aunque las circunstancias sean contrarias, el gozo del creyente no depende de las posesiones terrenales, sino de su relación con Dios. Este gozo es fruto del Espíritu y refleja la salvación y la esperanza en la venida de Cristo.

El cristianismo no es melancolía, sino alegría y progreso. Habacuc, al adorar a Dios, nos muestra que incluso en medio de la calamidad, podemos regocijarnos en el Señor.

Habacuc 3:19:

*"Jehová el Señor es mi fortaleza; él hará mis pies como de ciervas, y en mis alturas me hará andar"*

El versículo 19 utiliza la metáfora de los pies de ciervas para ilustrar la capacidad de superar las dificultades y alcanzar alturas espirituales. Este versículo resalta la fortaleza y la gracia que Dios otorga a sus hijos para enfrentar los desafíos de la vida.

**Reflexión Final**

Habacuc nos enseña que es válido cuestionar y luchar con nuestras dudas, pero también nos invita a confiar en el plan perfecto de Dios. Su mensaje resuena hoy, recordándonos que, aunque enfrentemos injusticias y sufrimientos, podemos vivir por fe, sabiendo que Dios está en control y que su gloria llenará la tierra.

El mensaje central de Habacuc es claro: **"Yo soy importante para Dios"**. A través de sus luchas y su fe, el profeta nos recuerda que Dios valora y cuida de cada uno de sus hijos, y que su amor y propósito trascienden las circunstancias más difíciles.

El profeta Habacuc también nos desafía a adoptar una perspectiva eterna, enfocándonos en la gloria de Dios y en la esperanza de su reino venidero. Nos invita a vivir con una fe activa, que se traduce en confianza, obediencia y adoración.

**Los Cinco "Ayes" de Habacuc:**

Contra la avaricia (versículos 6-8): La acumulación de riquezas a expensas de otros es condenada por Dios, quien promete justicia para los oprimidos.

Contra la codicia (versículos 9-11): La búsqueda egoísta de seguridad y poder lleva a la ruina y al juicio divino.

Contra la violencia (versículos 12-14): Los imperios construidos sobre la sangre y la opresión serán desmantelados por la justicia de Dios.

Contra la crueldad (versículos 15-17): La explotación y el abuso de los demás serán juzgados severamente por el Señor.

Contra la idolatría (versículos 18-20): La adoración de ídolos es una afrenta a la gloria de Dios, quien exige devoción exclusiva.

Habacuc, el profeta del abrazo, nos invita a encontrar seguridad en nuestra fe, incluso en medio de las pruebas más difíciles. Su mensaje es un recordatorio eterno de que "el justo por su fe vivirá". Este principio, que atraviesa toda la Escritura, nos llama a depender completamente de Dios y a encontrar en él nuestra fortaleza, esperanza y gozo porque somos importantes para Dios.

# DIGNIDAD RESTAURADA

*Yo Soy IMPORTANTE
Para Dios*

Eres la belleza del Creador, quien dedicó tiempo y amor para realizar su obra maestra más valiosa. Él te dio ojos hermosos para contemplar su creación. Formó tus manos con el propósito de ayudar al necesitado. Te otorgó una boca para proclamar un mensaje de vida.

Si tan solo pudieras ver el inmenso valor que tienes en Dios, no te compararías con los vanos ídolos de la belleza mundana. Dios te creó con un interior lleno de belleza. Mi misión se completará cuando tu carácter refleje las marcas de quién es tu Padre celestial. Que seas recordado por el amor de Dios que habita en ti.

Salmo 8:5:

*"Le has hecho poco menor que los ángeles, Y lo coronaste de gloria y de honra."*

El término hebreo "me'elohim", literalmente "que Dios", ha sido interpretado de diversas maneras. Algunas traducciones, como los tárgumes, la LXX y las versiones siríacas, optan por "ángeles", mientras que otras, como las versiones griegas de Aquila, Símaco y Teodoción, así como la Vulgata, prefieren "Dios".

Independientemente de la interpretación, es evidente que el ser humano ocupa un lugar privilegiado, muy superior al reino animal, debido a su conexión con Dios. Sin embargo, incluso en su mejor estado, el hombre finito es infinitamente inferior al Dios eterno.

**Nuestra Identidad en Dios**

Aunque los envidiosos intenten opacar nuestra luz, somos importantes para Dios:

**Juan 1:2**: Soy un hijo del Rey.

**Romanos 8:17**: Soy coheredero con el Rey.

**Efesios 2:6**: Estoy sentado a la diestra del Rey.

**Romanos 15:7**: Aceptado como hijo del Rey.

**Salmos 2:9**: Seguro y salvo en la mansión del Rey.

**Hechos 1:8**: Representante personal del Rey.

**Mateo 10:31**: Hijo del Rey con gran valor.

**Colosenses 2:10**: Hijo perfecto y completo en Él.

**Juan 15:9**: Amado por el Rey.

**Isaías 43:4**: Precioso a su vista.

**1 Juan 5:11**: Hijo del Rey eternamente.

**1 Juan 4:4**: Guerrero victorioso.

**Efesios 1:3**: Con toda bendición espiritual.

## La Nueva Criatura En Cristo

2 Corintios 5:17:

*"De modo que si alguno está en Cristo, nueva criatura es; las cosas viejas pasaron; he aquí*

*todas son hechas nuevas."*

La nueva naturaleza no surge de una virtud moral inherente al hombre, ni de un simple deseo o resolución de hacer lo correcto. Es el resultado de la presencia de un poder sobrenatural que transforma al individuo, llevándolo a morir al pecado y renacer en Cristo.

Este nuevo nacimiento nos convierte en hijos e hijas de Dios, participantes de la naturaleza divina y poseedores de la vida eterna. Aunque al principio somos espiritualmente inmaduros, tenemos el privilegio de crecer hasta alcanzar la plenitud de Cristo.

**La Obra Redentora de Cristo**

Cristo vino voluntariamente y entregó su vida por nosotros, para que al aceptarlo podamos ser perdonados y liberados. Si rechazamos este regalo, estamos rechazando el sacrificio de Jesús. Pero si lo recibimos como nuestro único Salvador personal, seremos perdonados y libres.

Al bautizarnos, nuestros pecados son arrojados a lo profundo del mar, olvidados para siempre. Dios nos ofrece vida y libertad gratuitamente.

Es un honor ser aceptados por el Rey.

Salmo 86:5:

*"Tú, Señor, eres bueno y perdonador; grande es tu amor por todos los que te invocan."*

Romanos 8:33-35:

*"¿Quién acusará a los escogidos de Dios? Dios es el que justifica. ¿Quién es el que condenará? Cristo es el que murió; más*

*aún, el que también resucitó, el que además está a la diestra de Dios, el que también intercede por nosotros. ¿Quién nos separará del amor de Cristo? ¿Tribulación, o angustia, o persecución, o hambre, o desnudez, o peligro, o espada?"*

El cielo está en constante acción para salvar a los escogidos. Dios llama, justifica y glorifica; Cristo intercede por nosotros, y el Espíritu Santo nos guía. Los ángeles ministran a favor de los herederos de la salvación.

El que se pierda eternamente lo hará por su propia decisión de rechazar el propósito divino y el poder de Dios para salvar.

**Yo Soy Importante para Dios**

Satanás es el que acusa y señala,

pero Dios no. En 1 Timoteo 3:11 la palabra: "calumniadores" es "diábolos", uno de los nombres usados para el enemigo, Satanás, el acusador. Cuando las personas hacen comunicaciones corrompidas, calumnias, con malas intenciones, son "diábolos"; están haciendo lo que el diablo hace.

**Isaías 1:18:**

*"Venid luego, dice Jehová, y estemos a cuenta: si vuestros pecados fueren como la grana, como la nieve serán emblanquecidos; si fueren rojos como el carmesí, vendrán a ser como blanca lana."*

El peor de los pecadores puede hallar consuelo y esperanza en esta promesa. Dios nos asegura que, no importa cuán culpables podamos haber sido en el pasado ni cuán consumado haya sido nuestro pecado, todavía Él puede devolvernos la pureza y la santidad.

El plan de Dios es limpiarnos para que vivamos como príncipes. Él te ama tal como eres; déjalo que te toque y recibe la bendición de vestirte con justicia. Comienza a caminar con el Señor. El Espíritu Santo te guiará naturalmente hacia la victoria, mostrando el fruto del Espíritu.

Toma esto en serio: eres hijo del Rey. Dilo con seguridad: "Yo soy importante para Dios." Eres especial, único. No hay nadie sobre la tierra que tenga las mismas características, huellas ni tu misma genética. Solo Dios puede cambiar tus lágrimas en gozo y llenar tu corazón.

¿Por qué estás caminando con la cabeza hacia abajo? Camina derechito con la cabeza en alto.

**Salmo 121:1-2:**

*"Alzaré mis ojos a los montes; ¿de dónde vendrá mi socorro? Mi socorro viene de Jehová, que hizo los cielos y la tierra."*

Hijo, hija: ¿Qué haces? Levántate. Restaura tus pensamientos. Desarrolla una mentalidad de príncipe.

**Efesios 4:23-24:**

*"Renovaos en el espíritu de vuestra mente, y vestíos del nuevo hombre, creado según Dios en la justicia y santidad de la verdad."*

El pecado es un intruso, un destructor de la pureza original del ser humano.

Ha pasado el tiempo, pero todavía mostramos algunos rasgos de la creación original de Dios. Sin embargo, por medio de la obra del Espíritu Santo en el nuevo nacimiento y la santificación, "el viejo hombre" puede ser creado de nuevo a la semejanza de Cristo.

Deja de llorar y lamentarte; Dios hará algo grande contigo.

**Romanos 8:37**:

*"Somos más que vencedores por medio de aquel que nos amó."*

No hay ninguna aflicción, por terrible que sea, ni ninguna tentación, por grande que sea, que no pueda ser vencida mediante Cristo. Aquel que nos amó tanto que se entregó por nosotros aún vive en nosotros para continuar la obra de nuestra salvación.

Escucha al que ama tu alma y conoce todo de ti. Da un paso de fe aceptándolo ahora. Tu cuerpo y tu mente sentirán alivio por la presencia de Dios.

No dejes que nada ni nadie te pisotee. No dejes que nada ni nadie te robe el tiempo con el Dios que te da vida.

**Historia del Pobre Viajero**

Un pobre viajero ahorró lo necesario para su viaje, llevando solo galletas saladas. Mientras sus compañeros comían en el salón grande, él escuchaba comentarios sobre lo rica que era la comida, pero no tenía dinero para darse ese lujo.

Alguien se le acercó y lo invitó a comer al salón grande. Él respondió: "No tengo dinero para eso."

Otro pasajero, curioso, le dijo: "Eso ya está incluido en su pasaje. ¡Ya está pagado!"

Así hay muchos que no se dan cuenta de que Jesucristo ya pagó la deuda. Dios sirvió la mesa, pero algunos se quedan comiendo las migajas que quedan: vicios, pecados.

Si un padre siempre está con sus hijos con ropas manchadas, sucios, sin bañar, ropa y zapatos rotos, muertos de hambre, con golpes, ¿qué pensaría usted? Que es un mal padre.

A Dios no le agrada vernos arrastrados por la vida, derrotados, deprimidos, desanimados. A Dios le gusta que desarrollemos una mente optimista porque en Dios hay esperanza.

Satanás trata de distraerte de la misión de Dios. Pero si estás con Dios, no hay gigante que pueda vencerte.

Hay victoria en la batalla con Cristo. Él te libra de la guerra espiritual. Él peleará por ti.

Si te sientes triste, estás pasando dolor y tribulación, tienes grandes heridas en el alma, hay quien te puede curar, y lo hará con mucho amor.

Para curar tu dolor, la solución es Cristo. Él salva tu alma del dolor, del sufrimiento. Por momentos nos sentimos estancados, no discernimos qué camino tomar. La solución es Cristo. Decídete hoy por seguirlo. Corre hacia Él, ve rápido, entrégale todas tus penas, pídele al Señor tu parte de su bendición.

No le des espacio al enemigo para que tenga poder sobre tu vida. Entrégate completamente a Cristo. Él no te abandona. Siempre te escucha y te llama pronto. Te dice: "Ven pronto," para transformarte y librarte de tus miedos.

Dios está listo para recibirte en la familia de fe y que formes parte de su pueblo.

Te bautiza en el nombre del Padre, del Hijo y del Espíritu Santo.

Estudia la Biblia. Allí encontrarás a Jesús. Él es la Palabra en acción, su carácter de amor. La carta de amor de Dios está escrita para que sepas cuán valioso eres para Dios.

El único que puede brindarte las más ricas bendiciones es Dios.

Busca la presencia de Dios. Acéptalo con todo tu corazón. En Dios encontrarás refugio, protección y un sitio para dejar todas esas cargas que te afectan.

Entra en la presencia de Jehová. Sea que te sientas débil o fuerte, ven a Jesús ahora.

Cuando estés triste, ven a Jesús.

Cuando estés feliz, ven a Jesús. Cuando estés en abundancia, ven a Jesucristo. Cuando estés en escasez, ven a Jesucristo. Todos necesitgamos entregarnos a nuestro Dios.

**Juan 14:6**:

*"Yo soy el camino, y la verdad, y la vida; nadie viene al Padre, sino por mí."*

Dios te dice: "Eres mi ungido."

Yo Soy te otorga el poder de pasar los obstáculos que se te atraviesan en el camino. El Yo Soy escucha tu oración. Yo Soy puede abrir puertas.

Ten fe. Cree en el Todopoderoso.

**Salmo 34:19**:

*"Muchas son las aflicciones del justo, pero de todas ellas le librará*

*Jehová."*

Ser cristiano no necesariamente libra de las aflicciones, pero da la fuerza necesaria para resistir. Los sufrimientos del cristiano son menores que los del incrédulo, porque sufre también los efectos de la intemperancia, del crimen, de los malos hábitos. Algunas de las recompensas de la vida correcta se disfrutan ya aquí en la tierra.

¿Cómo me librará Jehová? Yo no sé. Yo no tengo que saber. Él se encarga. Fija tus ojos en Cristo y hará que seas luz en la oscuridad, trayendo esperanza al dolido.

# DEL OLVIDO A LA MESA DEL REY

*Yo Soy IMPORTANTE
Para Dios*

En esta temática: "Yo soy importante para Dios", definitivamente tenemos que mencionar a un personaje bíblico con una historia conmovedora de la Biblia.

**¿Quién Era Merib-Baal?**

La historia de Merib-baal en la Biblia es un poderoso testimonio de cómo "Yo soy importante para Dios". No importa cuán insignificantes o desfavorecidos nos sintamos, somos importantes para Dios. Él tiene un plan para cada uno de nosotros y puede usar nuestras vidas para mostrar su amor y gracia. Somos valiosos a sus ojos, y esta es una verdad central de la teología cristiana.

A veces se usó en algunos contextos la palabra Baal para referirse a Jehová. Baal significa "Señor". Los profetas confrontaron esta confusión y demostraron que Jehová es el único Dios verdadero, como lo hizo Elías en el Monte Carmelo (1 Reyes 18). La profecía de Oseas predijo que llegaría un tiempo en el que Israel no llamaría más a Jehová "Mi Baal" (en el sentido de "mi señor"), sino "Mi esposo" (Oseas 2:16), lo que indica una relación más íntima y apropiada con Dios.

Es importante distinguir entre el uso de "Baal" como título para dioses paganos y el nombre propio de Dios, Jehová. En la teología bíblica, Jehová es reconocido como el único Dios verdadero, mientras que Baal es visto como un ídolo o un dios falso.

**David Y Mefiboset**

Una de las vidas más fascinantes de la Biblia es la del rey David. Es una historia con mucha intriga y muchos giros y acontecimientos inesperados. Comienza cuando David, como un simple pastorcillo y el menor de ocho hijos, es seleccionado y ungido como el futuro rey de Israel por el profeta Samuel. Está el increíble relato de cómo, cuando era adolescente, dio un paso al frente y conquistó al gigante Goliat cuando el resto del ejército hebreo estaba aterrorizado y asustado hasta la inactividad.

Recordamos la historia de cómo, durante aquellos años en los que huía del rey, el Señor aparentemente entregó a Saúl en sus manos cuando él y sus hombres se escondían en una cueva. Sin embargo, David se negó a vengarse y, en cambio, cortó un trozo del manto de Saúl y lo usó para exponer su traición.

También está su fracaso por su romance con Betsabé y las estrategias para que quedara viuda, hasta que se enfrentó al profeta Natán.

Pero hay un episodio menos destacado en su vida que significa mucho para mí. Cuando me identifico con él, puedo concluir que "Yo soy importante para Dios".

Se encuentra en 2 Samuel 9:

David preguntó: "¿Queda todavía alguien de la casa de Saúl a quien pueda hacer misericordia por amor de

Jonatán?" (2 Samuel 9:1).

David ahora es rey. Tanto Saúl como su hijo Jonatán murieron en la batalla del Monte Gilboa. Mefiboset tenía 5 años cuando David se convirtió en rey. Sabemos que pasó el tiempo porque Mefiboset tenía un hijo joven. Pero David no olvidó su amistad con Jonatán y tenía el deseo de mostrarse bondadoso con la casa de su enemigo por el recuerdo de su amigo. Dios siempre manifiesta misericordia.

En 1 Samuel 20, Jonatán no solo avisó a David sobre las malas intenciones de su padre, sino que los dos hicieron un pacto y David prometió no matar a su familia inmediata. Jonatán reconoció la unción en la vida de David y, en lugar de irritarse contra ella, la abrazó.

Además, en la escapada en la que David cortó una esquina del manto de Saúl (1 Samuel 24), Saúl, cuando se enfrenta a David, reconoce su astucia, confiesa su engaño y le pide a David que no le haga a sus descendientes lo que él hizo. Y David está de acuerdo: dice: "Me comprometeré contigo".

Había en la casa de Saúl un siervo llamado Siba. Lo llamaron para que se presentara ante David, y el rey le dijo: "¿Eres tú Siba?"

"A su servicio", respondió.

El rey preguntó: "¿No queda aún nadie de la casa de Saúl con quien pueda mostrar la bondad de Dios?"

Siba respondió al rey: "Aún queda un hijo de Jonatán; está cojo de ambos pies".

"¿Dónde está?" preguntó el rey.

Siba respondió: "Está en casa de Maquir hijo de Amiel, en Lo Debar" (2 Samuel 9:2-4).

Siba, quien fue siervo de Saúl, se

convirtió en siervo de David ahora que él era rey. Cuando hay un nuevo rey, para asegurar su realeza, mata a todos los miembros de la familia del rey anterior. Siba probablemente pensó que la pregunta de David era una estrategia para identificar a los descendientes de Saúl y eliminarlos.

Siba respondió de mala gana: "Sí, hay uno. Se llama Mefiboset (Meribbaal, que los hebreos reemplazaron por Boset, que significa vergüenza). Es lisiado y vive en casa de Maquir (un hombre rico e influyente) hijo de Amiel, en Lo Debar (al este del Jordán)". Que Mefiboset viviera en la casa de Maquir quiere decir que estaba escondido. Sabía cómo funcionaba el juego: lo matarían.

Siba, al responder la pregunta de David, lo que está diciendo es: "Él no es una amenaza para ti. Está lisiado. Ni siquiera tiene casa ni propiedades propias. Vive con la familia de otra persona en un lugar muy apartado donde no hay civilización. Él no se levantará nunca, ni liderará una rebelión del pueblo, ni se atreverá a desafiar la autoridad".

David lo manda a buscar: "Entonces el rey David lo hizo traer de Lo Debar".

Imagínese el temor y la ansiedad que esto tuvo para Mefiboset. Está tratando de pasar desapercibido, pasar por la vida sin que lo detectaran y lidiando con sus limitaciones lo mejor que puede. Sin metas de vida, simplemente sobrevivir de día en día sin llamar la atención. Porque no era importante para nadie. Pensaba: "No soy importante para Dios".

Pero un día llega un mensajero que dice: "El rey David quiere verte". Terror, miedo, angustia, pánico e inquietud lo invadieron.

Y puedes verlo en la forma en que reacciona cuando llega a la presencia del rey en 2 Samuel 9:6:

*"Cuando Mefiboset hijo de Jonatán, hijo de Saúl, vino a David, este se inclinó para rendirle honor".*

Sí, le está rindiendo honores al rey y mostrando respeto, pero también está temblando. Era su fin. Esperaba que el rey dijera: "Mátalo". No hay dudas de que él se escondió porque sabía que debía haber muerto por ser familia del antiguo rey.

No está simplemente siendo cortés, se está humillando, suplicando clemencia, cayendo sobre sí mismo con la esperanza de poder, de alguna manera, salir con vida.

David dijo: "¡Mefiboset!" "Para

servirle", respondió.

"No temas", le dijo David, "porque ciertamente te haré misericordia por amor a tu padre Jonatán. Yo te devolveré toda la tierra que perteneció a tu abuelo Saúl, y comerás siempre en mi mesa".

Hasta ese momento la vida había sido despiadada con Mefiboset. Inválido y fugitivo, su vida había estado en peligro. Sus dificultades ahora llegaban a su fin.

Mefiboset se inclinó y dijo:

> *"¿Quién es tu siervo para que veas un perro muerto como yo?" (2 Samuel 9:6b-8).*

Pero si yo no soy nadie. No valgo nada. "¡¿¡Qué!?! ¿Escuché eso bien? ¡Debo estar soñando!"

Nunca pensó que escucharía estas palabras del rey en la vida real.

David dijo: "¡No tengas miedo, tranquilo!".

Cualquiera, en el lugar de Mefiboset, habría tenido razón para temblar de miedo. La vida dependía de la voluntad del rey. David sabía que mientras viviera cualquiera de los descendientes de Saúl, correría riesgo su trono. Pero su naturaleza generosa junto con la promesa que hizo a Jonatán lo impulsaron a ser bondadoso y misericordioso.

**La Promesa Cumplida**

David cumplió su promesa a Jonatán de cuidar a su familia. Esto muestra cómo Dios valora las promesas y cómo trabaja a través de las relaciones humanas para cumplir su voluntad.

Cumplió la promesa y le devolvió a Mefiboset la tierra que pertenecía a su abuelo Saúl, tierra que sin duda conocía, que sabía que tenía derecho a ella, pero que no estaba dispuesto a salir a reclamar por temor a que identificarse resultara en su ejecución. David no se quedó con él, sino que lo dio generosa y libremente.

David había confiscado esas tierras. Pero estaba dispuesto a devolverlas haciendo un sacrificio personal, para que Mefiboset pudiera poseer todo lo que una vez perteneció a Saúl. Fue un regalo magnífico, impulsado por un notable espíritu de generosidad para con alguien que no lo esperaba.

## Restauración De La Herencia

Mefiboset recibió de vuelta las tierras de su abuelo Saúl. Esto simboliza cómo Dios puede restaurar lo que se ha perdido o robado en la vida de una persona.

Además de eso, David dijo que Mefiboset siempre era bienvenido en su mesa, es decir, un gesto que iba mucho más allá de darle lo que por derecho era suyo.

**Un Lugar En La Mesa Del Rey**

Comer en la mesa del Rey David, a pesar de su condición, es un símbolo de la inclusión y el amor de Dios. Todos son bienvenidos en la mesa de Dios, independientemente de su estado o pasado.

Esta expresión no necesita ser entendida literalmente. Su significado básico es que aquel a quien se le concede tal favor de allí en adelante sería sostenido por la dadivosidad del rey. Recibiría una pensión de por vida.

En adición, fue colocado al mismo nivel de los hijos de David (2 Samuel 9:11). Debía ser tratado como uno de los hijos del rey. Mefiboset ama a David, y aseguró una buena voluntad mutua.

Le dio una relación de honor: el don de la cercanía y el acceso. La inmensidad de la provisión del rey era algo que ahora podía disfrutar. La enormidad de la riqueza del rey era algo que ahora podía experimentar diariamente.

Mefiboset ya no era un fugitivo o un expatriado, un vagabundo, un inútil "perro muerto".

Los perros salvajes del Oriente se alimentaban de la carne podrida de la comunidad, y los consideraban con repugnancia. Un perro muerto era lo más despreciable. Con estas palabras, Mefiboset mostró verdadera humildad de espíritu y sincero agradecimiento. Para los orientales es una afirmación, no era una exageración.

Ahora Mefiboset podía decir: "Yo soy importante para el Rey. Yo soy importante para Dios".

Ahora es parte de la familia real, era parte del hogar con todas sus recompensas para disfrutarlas.

Dios ve las cosas, Dios ve por lo que has pasado por años. Y tranquilo que Él te recompensa.

**La Gracia Inmerecida**

Mefiboset no hizo nada para ganarse el favor de David; fue un acto de gracia. Esto refleja la gracia inmerecida de Dios hacia nosotros, donde somos importantes y amados sin condiciones.

Piénselo: un hombre que merecía morir pero se le perdonó la vida, y también se le brinda una relación íntima y personal con un rey que estaba alejado por la compasión y la bondad del rey, ¡eso es gracia! Un hombre discapacitado, lisiado y dañado irreparablemente pero que recibe una provisión tan inmensa y extensa que no puede asimilarla por completo: ¡eso es gracia! Eso es ser considerado importante para Dios.

Un "perro muerto" cuya mayor ambición en la vida era que lo notaran, y se convierte en un miembro valioso de la familia del rey, alguien que siempre es bienvenido en la mesa y atendido por sirvientes, ¡eso es gracia!

¡Alabado sea Dios: la gracia es algo que puedo experimentar! Porque "Yo soy importante para Dios".

De seguro puedes decir: ¡La historia de Mefiboset es mi historia! Me beneficia de una gracia extraordinaria porque Yo Soy Importante para Dios.

La única manera para entrar en la relación con Jesús es sobre la base de la gracia. Como personas llamadas a imitar el ejemplo de Jesús y reflejar sus prioridades, estamos llamados a ser transmisores y agentes de gracia para el mundo.

No importa cuán insignificantes o desfavorecidos nos sintamos, somos importantes para Dios. Él tiene un plan para cada uno de nosotros y puede usar nuestras vidas para mostrar su amor y gracia. Somos valiosos a sus ojos, y esta es una verdad central de la teología cristiana.

Sí. Hay gente por ahí que lo despreciará, y/o intentará aprovecharse. Con toda probabilidad.

¿Habrá momentos en los que me sentiré incómodo, o me malinterpretarán? Indudablemente. Pero nada de esto cambia o altera mi llamado fundamental. Yo soy importante para Dios y ayudo a otros a que también lo acepten.

Las personas heridas, lisiadas y dañadas no se dejan influir por nuestra lógica, ni por las apariencias de religioso, ni por nuestros argumentos morales. Estarán influenciados por el carácter y la gracia que demostremos.

Hay muchos Mefiboset por ahí. ¡Su historia es nuestra historia! Así como la gracia que el rey David mostró hacia él cambió su vida y alteró su destino, el llamado que se nos hace a ser vehículos de la gracia, a liderar con gracia, en la creencia de que esto también puede cambiar las vidas de las personas. Dios llama para decirte:

"Eres importante para mí". Cumple la misión de llamar a otros.

# EL VALOR INVISIBLE HECHO VISIBLE

*Yo Soy IMPORTANTE
Para Dios*

El texto bíblico de Mateo 6:33 dice:

*"Busquen primeramente el reino de Dios y su justicia, y todas estas cosas les serán añadidas."*

Es decir, busquen principalmente lo esencial, lo que es más importante, y luego de eso mi Padre les dará como complemento todo lo demás. Pero todo es bajo su perfecta voluntad. La palabra de Dios dice en Santiago 4:3 que:

> *"muchos piden pero no reciben porque piden con malas intenciones para satisfacer su propia carne."*

Eres importante para Dios y para su obra, y aunque antes no lo sabías, ahora sí lo sabes y debes caminar confiado en que Dios tiene sus ojos puestos en ti.

Si alguna vez sientes que no eres suficiente, recuerda que Dios te creó con un propósito único. Habla con Él en oración, cuéntale tus miedos y sueños, y confía en que Él te guiará.

El siguiente texto bíblico es Isaías 49:15:

*"¿Puede una mujer olvidarse del niño que cría, o dejar de querer al hijo de sus entrañas? Pues bien, aunque alguna lo olvidase, yo nunca me olvidaría de ti."*

Existen personas a las que les dicen que no valen nada. Y crecen con este sentimiento de tristeza y nulidad. "Valgo poco", se dicen. He conocido algunos casos y no dejo de extrañarme por tanta mentira.
La verdad es que somos valiosos. Nadie sobra en este mundo, ni está por azar o casualidad; somos producto del amor de Dios.
Y es tanto este amor que Él sustenta nuestras vidas, dándonos un propósito, pues

*"en Dios vivimos, nos movemos y existimos"* (Hechos 17:28).

Si alguna vez dudas de tu valor, toma un momento para reflexionar en estas palabras. Escribe en un papel las cosas que amas de ti mismo y las bendiciones que has recibido. Verás cómo Dios ha estado presente en cada detalle.

**Dios Te Ama**

Te lo diré con palabras sencillas: "Dios te ama. Así como eres... Dios te ama".
Debes empezar a leer la Biblia. En ella encontrarás respuestas a la mayoría de tus inquietudes.

Si en medio de las dificultades o problemas piensas que eres poca cosa o alguien te sugiere que no vales nada, pues manos a la obra, abre la Biblia. Averigüemos quién eres.
Puedes empezar en 1 Juan 3:1:

*"Mirad qué amor nos ha tenido el Padre para llamarnos hijos de*

*Dios, pues ¡lo somos!"*

Ahora lo sabes: eres un hijo, una hija, muy amados de Dios. Y como tal, tienes muchos privilegios. Dios te ha hecho más de 3,000 promesas. Y todas se cumplen.
Pero para conocerlas debes leer la Biblia, abre tu Biblia y lee.
Si necesitas ayuda para empezar, busca un grupo de estudio bíblico o un amigo que comparta tu fe. Juntos pueden descubrir las maravillas de la Palabra de Dios.

Todos sin excepción somos especiales. Un amigo mío un día leyó sobre esta mujer arrepentida que buscó a Jesús en Lucas 7:37-38:

*"Había en la ciudad una mujer pecadora pública, quien al saber que estaba comiendo en casa del fariseo, llevó un frasco*

*de alabastro de perfume, y poniéndose detrás, a los pies de él, comenzó a llorar, y con sus lágrimas le mojaba los pies y con los cabellos de su cabeza se los secaba; besaba sus pies y los ungía con el perfume."*

Mi amigo, con el permiso de su esposa fue con otro amigo cristiano, preparó paquetes de libros y chocolates, los envolvió y una noche salió a las calles buscando gente que evidentemente no estaban siguiendo las intrucciones de Dios, especialmente prostitutas, para hablarles del amor de Dios por ellas. También hizo publico un video para concientizar.

A cada una la miró con misericordia. Les obsequió un paquete, una flor y las dejaba con un: "Dios te ama".

La última que encontró rompió

a llorar. "Dios no puede amarme. ¿Acaso no ve lo que hago con mi vida?".

Él le respondió: "Dios te ama y mucho". Le habló del amor infinito de Dios por sus hijos y ella no paraba de agradecer y replicar: "Dios te bendiga hermano por esas palabras que reconfortan mi alma".
Si alguna vez sientes que no mereces el amor de Dios, recuerda esta historia. No importa lo que hayas hecho, Dios siempre está dispuesto a perdonarte y abrazarte con su amor.

Tú eres la alegría de Dios. Debes saberlo. Somos especiales para Dios, tú, yo, todos. Ignora lo que te hayan dicho, o lo que estás viviendo para que te sientas poco valioso. Debes saber que no es verdad lo que te dijeron, eres una persona extraordinaria, la alegría de Dios.

Y si no crees mis palabras ve a cualquier lugar de oración cerca de

tu casa, habla con Dios diariamente y empezarás a experimentar su amor infinito que cambia vidas y escucharás su voz cuando te dice:
"Te amo y eres especial para mí."

Si necesitas hablar con alguien, busca a un pastor, consejero espiritual o un amigo de confianza. No estás solo en este camino. Y habla con Dios. El tiene bendiciones para ti.

Toda persona tiene en su interior sentimientos, que según su personalidad puede manifestarlos de diferentes maneras. Muchas veces estas manifestaciones dependen de otros factores, según el lugar físico, sentimental y emocional; éstos pueden influir positiva o negativamente en la formación de la persona o sea en la autoestima.

Este tema lo desarrollaremos debido a que estamos en una etapa en la cual intentamos definir nuestra personalidad, tomando diferentes modelos ya que nos relacionamos en distintos ámbitos. Además me interesó ya que era un tema en el cual tenía escasos conocimientos. Esto me motivó a investigar a fondo el tema ya que lo considero importante para el desarrollo y la constitución de una buena vida.

El objetivo de esta investigación científica es responder a nuestras dudas planteadas como hipótesis:

> ¿Qué síntomas manifiestan las personas que sufren un desfasaje en su autoestima?
> ¿Cuáles son los factores que influyen en la persona que hacen que exista este desfasaje?
> ¿Cómo ayudar a la persona que posee baja autoestima?

Espero cumplir con el objetivo y con las expectativas del trabajo, obteniendo un buen resultado práctico.

Si estás luchando con tu autoestima, recuerda que no estás solo. Busca apoyo en tu comunidad, en tu iglesia o en un profesional que pueda ayudarte a redescubrir tu valor.

### ¿Qué Es La Autoestima?

La autoestima es el sentimiento valorativo de nuestro ser, de nuestra manera de ser, de quienes somos nosotros, del conjunto de rasgos corporales, mentales y espirituales que configuran nuestra personalidad. Esta se aprende, cambia y la podemos mejorar.

Es a partir de los 5-6 años cuando empezamos a formarnos un concepto de cómo nos ven nuestros mayores (padres, maestros), compañeros, amigos, etcétera y las experiencias que vamos adquiriendo.

Según como se encuentre nuestra autoestima, ésta es responsable de muchos fracasos y éxitos, ya que una autoestima adecuada, vinculada a un concepto positivo de mí mismo, potenciará la capacidad de las personas para desarrollar sus habilidades y aumentará el nivel de seguridad personal, mientras que una autoestima baja enfocará a la persona hacia la derrota y el fracaso.

Si deseas mejorar tu autoestima, empieza por identificar tus fortalezas y agradecer por ellas. Rodéate de personas que te apoyen y te inspiren a ser la mejor versión de ti mismo. Puedes lograrlo poniendo toda tu confianza en Dios.

# EL AMOR QUE ME DEFINE

*Yo Soy IMPORTANTE
Para Dios*

En el vasto universo, lleno de estrellas y galaxias, cada ser humano tiene un lugar especial en el corazón de Dios. No somos simplemente un número en la inmensidad; somos únicos, irrepetibles y profundamente amados.

## La Singularidad De Cada Persona

Dios nos creó con un propósito único. Cada talento, cada sueño y cada experiencia que vivimos forma parte de un diseño divino. En el libro de los Salmos 139:13, se nos recuerda:

*"Tú formaste mis entrañas; me hiciste en el vientre de mi madre".*

Este versículo nos invita a reflexionar sobre la intención amorosa detrás de nuestra existencia.

**El Valor Intrínseco**

A menudo, las circunstancias de la vida pueden hacernos sentir insignificantes o perdidos. Sin embargo, Dios nos asegura que nuestro valor no depende de nuestras posesiones, logros o estatus social. En Isaías 43:4, Él declara:

*"Porque a mis ojos fuiste de gran estima, fuiste honorable, y yo te amé"*.

Estas palabras son un recordatorio constante de que somos valiosos simplemente por ser quienes somos.

**La Relación Personal Con Dios**

Dios no es un ser distante ni indiferente. Él desea una relación cercana y personal con cada uno de nosotros. En Apocalipsis 3:20, se nos dice:

*"He aquí, yo estoy a la puerta y llamo; si alguno oye mi voz y abre la puerta, entraré a él, y cenaré con él, y él conmigo"*.

Este llamado nos invita a abrir

nuestro corazón y permitir que Dios sea parte de nuestra vida cotidiana.

## La Misión De Amar Y Servir

Ser importante para Dios también implica una responsabilidad: amar y servir a los demás. Jesús nos enseñó en Juan 13:34:

> *"Un mandamiento nuevo os doy: Que os améis unos a otros; como yo os he amado, que también os améis unos a otros".*

Al vivir este mandamiento, reflejamos el amor de Dios y cumplimos nuestro propósito divino.

## La Inclusión Y El Amor Universal

El mensaje de Dios no tiene fronteras ni exclusiones. Su amor es para todos, sin importar raza, género, idioma, edad o condición social. En Gálatas 3:28, se nos recuerda:

*"Ya no hay judío ni griego; no hay esclavo ni libre; no hay hombre ni mujer, porque todos vosotros sois uno en Cristo Jesús".*

Este versículo nos llama a abrazar la diversidad y a ver a cada persona como parte de la familia de Dios.

**La Esperanza En Tiempos Difíciles**

En momentos de dificultad, el amor de Dios es un refugio y una fuente de esperanza. En Jeremías 29:11, Él nos dice:

*"Porque yo sé los planes que tengo para vosotros, dice Jehová, planes de bienestar y no de mal, para daros un futuro y una esperanza".*

Estas palabras nos animan a confiar en que, incluso en los desafíos, hay un propósito divino trabajando en nuestras vidas.

### Ilustración: El Alfarero Y El Barro

Imagina a un alfarero trabajando con un trozo de barro. Aunque el barro parece insignificante, en las manos del alfarero toma forma, propósito y belleza. Así somos nosotros en las manos de Dios: moldeados con amor y paciencia para cumplir un propósito divino. Esta imagen nos recuerda que, aunque enfrentemos momentos de incertidumbre, estamos siendo transformados para algo mayor.

En el contexto de Isaías 43:4, el término "estima" refleja un valor que trasciende lo material. En el hebreo original, la palabra utilizada implica un peso significativo, como un tesoro precioso. Esto nos lleva a entender que nuestro valor ante Dios no es superficial, sino profundo y eterno.

En Jeremías 29:11, la palabra "planes" en hebreo, "machashabah", también puede traducirse como "pensamientos" o "intenciones". Esto revela que los planes de Dios no son simplemente acciones predeterminadas, sino un reflejo de Su amor y cuidado constante hacia nosotros.

En la época en que se escribieron muchos de los textos bíblicos, las sociedades estaban profundamente marcadas por estructuras jerárquicas y roles definidos. Por ejemplo, en el mundo antiguo, el valor de una persona a menudo se medía por su posición social, riqueza o contribución a la comunidad. En este contexto, las palabras de Isaías 43:4 y Jeremías 29:11 eran radicalmente inclusivas y contraculturales. Declarar que cada individuo tenía un valor intrínseco dado por Dios desafiaba las normas sociales y ofrecía esperanza a los marginados.

Asimismo, la metáfora del alfarero y el barro resonaba profundamente en una cultura donde la alfarería era una actividad cotidiana y esencial. Los oyentes podían visualizar fácilmente el proceso de moldear el barro, entendiendo así la paciencia y el cuidado de Dios en sus vidas.

En el mundo contemporáneo, el valor de una persona a menudo se mide por su éxito, visibilidad o productividad. Este enfoque puede llevar a sentimientos de insuficiencia o exclusión. Sin embargo, el mensaje de Dios sigue siendo contracultural y transformador. Al afirmar que cada individuo tiene un valor intrínseco y eterno, se ofrece una perspectiva liberadora que desafía las presiones de la sociedad moderna.

Ejemplos contemporáneos pueden incluir líderes olvidados, creyentes desanimados o jóvenes que se sienten invisibles ante estructuras religiosas. Todos ellos son incluidos en el amor restaurador de Dios, recordándoles que su valor no depende de las expectativas humanas, sino del amor divino.

En conclusión, el tema "Yo Soy Importante Para Dios" nos invita a reconocer nuestra singularidad, valorar nuestra relación con Él y vivir con propósito y amor. Cada día es una oportunidad para recordar que somos profundamente amados y que nuestra vida tiene un significado eterno. Este mensaje, inclusivo y lleno de esperanza, busca tocar el corazón de cada persona, recordándoles que son valiosos y amados por el Todo Poderoso. Declarar que cada individuo tenía un valor intrínseco dado por Dios desafiaba las normas sociales y ofrecía esperanza a los marginados.

Asimismo, la metáfora del alfarero y el barro resonaba profundamente en una cultura donde la alfarería era una actividad cotidiana y esencial. Los oyentes podían visualizar fácilmente el proceso de moldear el barro, entendiendo así la paciencia y el cuidado de Dios en sus vidas.

Siempre recuerdo como principio en mi vida personal lo que dice 1 Corintios 25:28:

> *"y lo vil del mundo y lo menospreciado escogió Dios, y lo que no es, para deshacer lo que es".*

Recuerda siempre que eres importante para Dios.

# VOCES QUE SANAN

*Yo Soy IMPORTANTE*
*Para Dios*

## Hijo Pródigo

"¡Ay, cómo he servido yo al Diablo, aún anhelando cosas llenas de maldad! Porque, oh Dios mío, la luz vi, mas en la más negra noche me hundí."

El Padre corre hacia su hijo para cubrirlo del apedreamiento. Era una ley de Deuteronomio 21:18-21:

*"Si alguno tuviere un hijo*

*contumaz y rebelde, que no obedeciere a la voz de su padre ni a la voz de su madre, y habiéndole castigado, no les obedeciere; entonces lo tomarán su padre y su madre, y lo sacarán ante los ancianos de su ciudad, y a la puerta del lugar donde viva; y dirán a los ancianos de la ciudad: Este nuestro hijo es contumaz y rebelde, no obedece a nuestra voz; es glotón y borracho. Entonces todos los hombres de su ciudad lo apedrearán, y morirá; así quitarás el mal de en medio de ti, y todo Israel oirá, y temerá."*

Es importante recordar que La Biblia tiene un trasfondo oriental. Por ejemplo, en nuestro país, si un hijo menor pidiera a su padre recibir por anticipado "la parte de los bienes que le corresponde" según el testamento, se escucharían palabras fuertes y se tomarían medidas igualmente severas. En nuestros tiempos, la distribución de las posesiones paternas ocurre únicamente tras la muerte del testador. Sin embargo, en Oriente, la petición del hijo menor sería considerada apropiada.

Lucas 15: 11-13:

*"Un hombre tenía dos hijos. El menor de ellos le dijo a su padre: Padre, dame la parte de la herencia que me corresponde. Entonces el padre repartió sus bienes entre ellos. Pocos días después, el hijo menor reunió todo lo que tenía y se fue a un país lejano, donde derrochó su herencia viviendo sin control."*

¡No hay nada malo en irse de casa!

Rara vez un joven se va simplemente porque está cansado de ella, y aún menos frecuentemente para vivir una vida de caprichos. Más comúnmente, lo hace con propósitos honorables.

Este pasaje nos recuerda que, incluso en nuestros momentos más oscuros, Dios está dispuesto a correr hacia nosotros, cubrirnos con su gracia y restaurar nuestra dignidad. El Padre celestial no solo nos espera, sino que nos busca activamente, mostrando un amor incondicional que trasciende nuestras fallas y pecados.

El mensaje del Hijo Pródigo es profundamente teológico y motivador: no importa cuán lejos nos hayamos alejado, siempre hay un camino de regreso al hogar espiritual. Dios nos llama a reconocer nuestra importancia en su plan divino y a vivir con propósito y esperanza renovada.

# ¿NACIERON SOLO PARA SUFRIR?

*El Dolor Inocente y el Propósito Divino*

## La Flor Entre Las Piedras

En un rincón polvoriento de una zona olvidada, nació una flor. No tenía tierra fértil, ni lluvia constante, ni sombra protectora. Solo piedras ásperas y sol inclemente. Quienes pasaban por allí pensaban que ese lugar no podía ofrecer belleza ni vida. Pero contra todo pronóstico, la flor creció. No era la más alta, ni la más colorida, pero tenía una fuerza que nadie entendía.

Un anciano pastor la descubrió al caminar hacia su rebaño. Se detuvo, la miró en silencio, y dijo:
"Dios pone belleza donde otros solo ven ruina. Esta flor no nació para sufrir; nació para testimoniar."
Desde ese día, la flor se convirtió en señal. Cada vez que el pastor pasaba por allí, recordaba que la vida no necesita condiciones perfectas para florecer, solo un propósito que trascienda el dolor.

### *Cuando La Pregunta Es Un Grito*

Al caminar por hospitales, campos de refugiados o barrios olvidados, hay un clamor que no necesita palabras: el de quien sufre sin haberlo elegido. ¿Qué propósito puede tener el niño desnutrido, la adolescente víctima de abuso, el bebé con malformaciones? ¿Acaso nacieron para sufrir?

Esta pregunta no busca respuestas fáciles. Brota del dolor humano más profundo, donde incluso la fe se silencia por respeto al llanto. Y sin embargo, desde ese mismo lugar, Dios pronuncia su verdad eterna: "Tú eres importante para mí."

*1. El Dolor No Es Diseño Divino*

La creación original revela que Dios formó a la humanidad para vivir en plenitud. El sufrimiento surge como consecuencia de la ruptura entre la voluntad divina y la decisión humana. Dios no impone el dolor: lo redime. En su plan no hay espacio para el sufrimiento como destino, sino para la restauración como promesa.

*2. Cuando El Dolor Es Consecuencia, No*

*Castigo*

Hay relatos bíblicos donde el juicio parece severo, pero siempre responden a contextos de advertencia, misericordia y rescate. Ningún niño, ningún inocente, nace condenado. Los eventos dolorosos no representan un castigo arbitrario de Dios, sino la expresión trágica de un mundo herido por el pecado. Aun así, cada vida conserva valor eterno ante los ojos del Creador.

*3. ¿Dónde Está Dios Cuando Sufren Los Inocentes?*

Él está presente. No en los esquemas teológicos lejanos, sino en la mirada compasiva, en el abrazo sincero, en la mano que sostiene al que sufre. Jesús vivió y compartió el dolor humano: tocó enfermos, defendió vulnerables, lloró con quienes lloraban. Su vida muestra que Dios no se ausenta en el sufrimiento: lo habita para transformarlo.

## 4. Redención En Medio Del Dolor

El dolor no es el final. Cuando se pone en manos del Dios que sana, puede convertirse en testimonio. Personas marcadas por el sufrimiento han levantado ministerios de restauración, han sanado a otros desde sus propias heridas, y han descubierto que el dolor no destruye el propósito: lo revela. La iglesia existe para confirmar esa verdad: acompañar, consolar, redimir.

## 5. Tú También Eres Parte Del Plan

A cada alma que ha sentido el abandono, el rechazo, la injusticia: tú no fuiste creado para sufrir. El dolor puede ser parte del camino, pero no define tu destino. Tu vida tiene valor, propósito, y un llamado eterno. Lo que has vivido puede dar luz a otros. En ti hay semillas de esperanza que el cielo no ha olvidado.

"Yo Pensaba Que Dios Me Había Olvidado"

María, una joven madre en una zona rural, tenía una hija con parálisis cerebral. Aislada y sin recursos, sentía que su vida era invisible. "Me preguntaba si habíamos nacido solo para sufrir," escribió.

Un día, escuchó un mensaje pastoral titulado "Tú eres IMPORTANTE para Dios." Fue como si alguien hubiese encendido luz en medio del túnel. "Por primera vez en años sentí consuelo. Mi hija y yo no somos un error. Dios nos ve."

Hoy, María lidera un grupo de oración. Su hija canta con una voz dulce, y juntas son testimonio de que el sufrimiento no define la vida: la fe y el amor sí.

### *El Llanto No Anula Tu Valor*

Si alguna vez pensaste que naciste solo para sufrir, escúchalo bien:

**Tú Eres Importante Para Dios.**

No por tu éxito, ni por tu historia, sino porque en ti hay imagen divina. Tu dolor no es tu condena. Es el terreno donde Dios puede construir propósito eterno.

# RAZONES: "YO SOY IMPORTANTE PARA DIOS"

*Una afirmación teológica que restaura el sentido y la misión*

El presente libro nace como respuesta pastoral a una crisis silenciosa: millones de creyentes caminan con la convicción de ser invisibles para Dios. La teología institucional ha ofrecido verdad, pero no siempre ternura. La praxis evangelística ha predicado salvación, pero a veces ha omitido el valor del individuo como portador de misión. Esta obra busca reconciliar ambas dimensiones.

*Yo Soy IMPORTANTE Para Dios* no es un eslogan motivacional, es una declaración que surge desde la narrativa bíblica, la encarnación del Hijo, y la vocación del creyente como embajador del Reino. Esta verdad merece ser redescubierta en clave restauradora.

A continuación, presentamos seis razones teológicamente fundamentadas que sustentan esta afirmación:

### 1. Tu origen es intencional

La creación no fue un acto funcional, sino relacional. Dios no solo hizo al ser humano, lo formó con propósito y lo llamó por nombre. (Isaías 43:1)

### 2. La redención personaliza tu valor

El sacrificio de Cristo es universal, pero su intención es íntima. El Cordero no murió por multitudes abstractas, sino por historias individuales. (Gálatas 2:20)

### 3. Tu fragilidad no cancela tu dignidad

El quebranto humano no elimina la imagen divina. Dios opera desde la debilidad, restaurando sin desechar. (2 Corintios 12:9)

### 4. Estás incluido en la misión escatológica

No solo eres destinatario del evangelio, eres también portador del mensaje. El cielo te reconoce como colaborador en la obra redentora. (1 Pedro 2:9)

### 5. Tu dolor no es estéril

Dios transforma la aflicción en testimonio. Lo que te quebró puede convertirse en puente para otros. (Romanos 8:28)

## 6. Dios no ha clausurado tu historia

Él sigue escribiendo capítulos nuevos, incluso en escenarios donde todo parece detenido. Su fidelidad excede tu percepción. (Filipenses 1:6)

Esta obra está dirigida a aquellos que se sienten olvidados por los altares, los sistemas y las estadísticas. Aquí afirmamos, con rigor teológico y ternura pastoral, que tu vida tiene peso eterno.

# Yo Soy IMPORTANTE Para Dios

| | |
|---|---|
| **Creado a Su imagen** | Fui formado a la imagen de Dios, dándome un valor y dignidad inmutables. |
| **Amado incondicionalmente** | Dios me ama de manera perfecta y sacrificada. A través de Cristo, he sido aceptado. |
| **Conocido y elegido** | Dios me conocía desde antes de mi nacimiento y me ha llamado a una vida de propósito. |
| **Parte de Su familia** | Como hijo amado por Dios, soy un miembro de Su familia eterna, con otros creyentes. |

# BIBLIOGRAFÍA

Allingham, P. (2002). *La peste del corazón*. Luz Verdadera Ediciones.

Asociación Publicadora Sudamericana. (s.f.). *Comentario bíblico adventista* (varios tomos).

Barth, K. (1993). *Dogmática eclesiástica*. Editorial CLIE.

Bonhoeffer, D. (2005). *El coste del discipulado*. Ediciones Sígueme.

Brunner, E. (2001). *La verdad como encuentro*. Ediciones Sígueme.

Centro de Recursos Ministeriales. (2022). *Registros históricos de evangelismo sonoro*. Archivo General de la Radiodifusión Cristiana.

Del Valle Rodríguez, J. R. (2025). *Del olvido a la mesa del Rey*. Independiente.

Del Valle Rodríguez, J. R. (2025). *Mira a la serpiente: Yo soy importante para Dios*. Independiente.

Del Valle Rodríguez, J. R. (2025). *Yo soy importante para Dios*. Editorial Restauración Integral.

Del Valle Rodríguez, J. R. (en preparación). *Ministerio personal: Una misión evangelística que restaura vidas*. Proyecto editorial independiente.

Escobar, S. (1985). *La nueva vida en Cristo*. Editorial CLIE.

Gaebelein, F. E. (Ed.). (1985). *Comentario bíblico Mundo Hispano*. Casa Bautista de Publicaciones.

Gesenio, W. (1998). *Diccionario Hebreo y Caldeo*. Casa Bautista de Publicaciones.

González, J. L. (2006). *Historia del pensamiento cristiano*. Editorial CLIE.

Kidner, D. (1996). *Profetas menores: Introducción y comentario*. Editorial Portavoz.

López, E. (2002). *El justo por la fe vivirá: Una mirada exegética a Habacuc*. Editorial ACES.

McKnight, S. (2012). *Jesús el Rey misericordioso*. Editorial Mundo Hispano.

Muñoz, R. (2019). *Evangelismo práctico en la era digital*. Imprenta Verdad Presente.

Ortberg, J. (2003). *Quién eres tú para juzgar*. Editorial Vida.

Pérez, A. (2021). *Comunicación cristiana para la restauración social*. Fundación Luz Viva.

Radio Sol. (2023). *Yo soy importante para Dios*. Ministerio de Comunicación Adventista.

Sociedad Bíblica Americana. (1960). *La Biblia: Reina-Valera 1960*. Miami, FL.

Stott, J. (2013). *La cruz de Cristo*. Editorial Mundo Hispano.

Strong, J. (1998). *Concordancia exhaustiva de la Biblia*. Editorial Caribe.

Strong, J. (2000). *Diccionario de palabras hebreas y griegas del Antiguo y Nuevo Testamento*. Editorial Caribe.

Torres, S. (2017). *Teología del rescate: Parábolas en contexto cultural*. Instituto Adventista de Estudios Bíblicos.

Watts, J. D. W. (1985). *Habakkuk (Word Biblical Commentary)*. Word Books.

White, E. G. (1903). *Educación*. Southern Publishing Association.

White, E. G. (1940). *El deseado de todas las gentes*. Pacific Press Publishing Association.

White, E. G. (1955). *Obreros evangélicos*. Asociación Publicadora del Pacífico.

White, E. G. (1959). *Evangelismo*. Asociación Casa Editora Sudamericana.

White, E. G. (1974). *La maravillosa gracia de Dios*. Asociación Casa Editora Sudamericana.

White, E. G. (1985). *Testimonios para la iglesia* (Tomo VII). Asociación Casa Editora Sudamericana.

White, E. G. (1987). *El camino a Cristo*. Asociación Casa Editora Sudamericana.

White, E. G. (1991). *El conflicto de los siglos*. Editorial Safeliz.

White, E. G. (Comp.). (s.f.). *La Voz*. Archivo radial interno, 3ABN Latino.

Yoder, J. H. (2002). *La política de Jesús*. Editorial CLIE.

# EPÍLOGO

Este libro termina, pero el mensaje continúa. Porque cada palabra aquí escrita no busca aplausos ni reconocimiento, sino provocar una transformación silenciosa y duradera en el corazón del lector.

Si al llegar a esta página sientes que algo ha sanado, que una herida fue tocada con gracia, o que volviste a creer que tu vida tiene propósito, entonces se ha cumplido el objetivo: recordarte que Dios nunca te ha olvidado.

Este proyecto no nació de la necesidad de publicar, sino

del llamado urgente a restaurar. Restaurar la identidad, la fe, la dignidad, el ministerio y los vínculos rotos. Cada testimonio compartido, cada transmisión vivida, cada lágrima leída en redes sociales... fue semilla para estas páginas.

Ahora, te toca a ti. Haz de este mensaje tu misión: compártelo, ora sobre él, predícalo, escríbelo en tu muro y en tu corazón. Porque cuando una vida redimida proclama su valor en Cristo, el cielo mismo lo celebra.

Gracias por dejarme acompañarte en este recorrido. Tu historia importa. Tu vida importa. Tú importas para Dios.

# AGRADECIMIENTOS

A cada alma detrás de los micrófonos, las cámaras y los equipos técnicos que hicieron posible la proclamación del mensaje restaurador "Yo Soy IMPORTANTE Para Dios", mi más sincero agradecimiento.

En especial, a la gerente general de Radio Sol de Puerto Rico (WZOL), Lorraine Vázquez, por confiar en este ministerio y facilitar una plataforma que lleva esperanza al corazón de los oyentes. Al locutor ancla José "Artie" López, por adoptarme como su hijo en la radio y su apoyo constante me ha motivado mucho a lo largo de mi vida.

Al ex-gerente William "Ricky" Irizarry por mantener la emisora al aire. Al valioso equipo técnico de Radio Sol: Laura, Nohelia, David y Ethan, etc. cuyo compromiso detrás de cada transmisión permitió que la Palabra fluyera sin interrupciones. A la siempre atenta Yolanda Pérez, exsecretaria jubilada que sirvió con dedicación y calidez; y a Héctor Seguinot, por su acompañamiento fiel por tanto tiempo.

Agradezco también la colaboración de Salvación TV, especialmente a Belinda Lugo y Samuel Martínez, por unir sus voces y pantallas al servicio de este mensaje. Y a Ángel Alisea de Lumbrera TV, por sumar con visión a esta transmisión que alcanzó corazones más allá de fronteras geográficas.

A cada técnico, editor, productor y colaborador que hizo de esta campaña una vivencia transformadora: este libro lleva sus huellas invisibles. Cuando la comunicación se entrega a Cristo, no solo informa… redime.

# ACERCA DEL AUTOR

## José Ramón Del Valle Rodríguez

Es cristiano, teólogo, consejero capellán, comunicador pastoral y productor en medios con un llamado claro: usar la teología en medios de c comunicacion y restaurar la dignidad espiritual a través de la Palabra transmitida con compasión, excelencia y profundidad bíblica. Con formación en teología y ministerio pastoral, ha dedicado su vida a crear recursos que conectan el corazón humano con el carácter redentor de Dios.

Ha coolaborado en muchas plataformas de radio, televisión y redes sociales. Actualmente, sirve como productor y colaborador en 3ABN Latino, donde desarrolla contenido evangelístico y pastoral para televisión y radio con un enfoque integral y restaurador. Antes de esta etapa, dejó una huella ministerial significativa en Radio Sol de Puerto Rico (WZOL), donde su voz acompañó a miles de oyentes en diversas transmisiones espirituales.

Fue precisamente después de su transición a 3ABN que recibió la invitación de Radio Sol para ser el orador principal en la campaña "Yo Soy IMPORTANTE Para Dios", una colaboración interministerial que incluyó también a Salvación TV y Lumbrera TV. Esta campaña, aunque transmitida desde una nueva plataforma ministerial, se convirtió en un testimonio de continuidad, unidad y restauración entre medios comprometidos con el Reino.

José Ramón concibe la comunicación como una herramienta para llevar mensaje para tener una sociedad con valores y moral. Sus libros, transmisiones y recursos buscan sanar, empoderar y redirigir la mirada del lector hacia el corazón del Padre. Este libro —como su ministerio— es fruto de una vida dedicada a proclamar que en Cristo, cada ser humano es profundamente valioso.

# LIBROS DE ESTE AUTOR

## Sermones: Teología + Biblia = Vida

Contiene temas Variados: Arqueología Bíblica, Doctrinales y/o Creencias, Salud, Profecía, etc..

## Ministerio Personal Misión Evangelistica Restauradora

Visión renovadora del Ministerio Personal como una misión evangelística que sana, transforma y abraza vidas desde la gracia. Con enfoque teológico y recursos prácticos, propone un ministerio activo, sensible y profundamente restaurador.

## Teologia De La Restauracion Integral

Aborda la sanación divina de todas las relaciones afectadas por el pecado.

## Teología Del Conocimiento: Según

## Antiguos Textos

Estudio del Vínculo entre el Pecado y el Proceso Epistemológico en Genesis, Éxodo y Números: Una Teología Bíblica del Conocimiento Basada en Textos Antiguos.

## Terapia Para Tratamiento De Adicción

La teoterapia como modelo de intervención para el tratamiento contra la adicción a las sustancias Psicoactivas - SPA

## Adoración En La Música Adventista: Instrumentos

La Iglesia Adventista Del Séptimo Día promueve la música sacra y el uso de instrumentos que enriquezcan la adoración, mas hay diferentes opiniones sobre cuales son apropiados.

## Adventistas Sobresalientes: Tomo 1

Este libro, es una obra de investigación que busca identificar personasn Adventistas que, guiados por Dios, alcanzaron posiciones importantes.

## Verdad Adventista: Una Apología Teológica

Este libro defiende las doctrinas adventistas, refuta críticas comunes y aclara malentendidos. Destaca la importancia de la observancia del sábado y la inmortalidad del alma, y resalta la labor humanitaria de la iglesia. Se hace un llamado a aceptar a Dios y vivir en rectitud.

## Yo Soy Importante Para Dios

Una invitación breve y profunda: Descubre cuánto vales para Dios y por qué tu vida tiene propósito eterno.

# ANOTACIONES

www.ingramcontent.com/pod-product-compliance
Lightning Source LLC
Chambersburg PA
CBHW031349040426
42444CB00005B/240